Las horas nocturnas

*Diez lecturas sobre terror, fantástico y ciencia*

Sandra Gasparini

Las horas nocturnas

*Diez lecturas sobre terror, fantástico y ciencia*

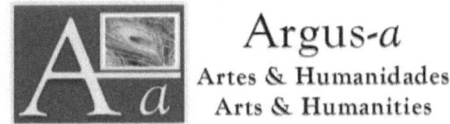
Argus-*a*
Artes & Humanidades
Arts & Humanities

*Buenos Aires, Argentina - Los Ángeles, USA*
*2020*

Las horas nocturnas. *Diez lecturas sobre terror, fantástico y ciencia*

ISBN 978-1-944508-23-4

Ilustración de tapa:
*La rebelión del ánima*, gentileza de Gisela Aguilar
(Argentina, contemporánea)

Diseño de tapa: Argus-*a*.

© 2020 Sandra Gasparini

All rights reserved. This book or any portion thereof may not be reproduced or used in any manner whatsoever without the express written permission of the publisher except for the use of brief quotations in a book review or scholarly journal.

**Editorial Argus-*a***
16944 Colchester Way,
Hacienda Heights, California 91745
U.S.A.

Calle 77 No. 1976 – Dto. C
1650 San Martín – Buenos Aires
ARGENTINA
argus.a.org@gmail.com

*I'm counting nocturnal hours
Drowned visions in haunted sleep
Faint flickering of your powers
Leaks out to show what you keep*

"The drapery falls", Mikael Åkerfeldt, Opeth

## ÍNDICE

**Prólogo**: Toda la noche hasta que salga el sol,
          por Pablo Ansolabehere ............................................. 1

**Introducción** ................................................................. 7
**Agradecimientos** ........................................................... 13

**PRIMERA PARTE. Alrededor de las ciencias:
locura y horror en el siglo de la razón** ........................ 15

   1- El terror como enfermedad. Facundo
      y las fascinaciones de la barbarie en Sarmiento
      y en Gorriti .......................................................... 17
   2- Bohemia literaria y ciencia en el fin de siglo porteño ... 31
   3- Mujeres que aterran: magnetizadoras,
      asesinas y hechiceras en los umbrales
      de los géneros modernos .................................... 49
   4- Derivas del planeta rojo y del planeta gigante:
      la fantasía científica y la vida alienígena
      a fines del siglo XIX ............................................. 63

**SEGUNDA PARTE. Espacio, terror, cuerpos
en los siglos del consumo masivo** ............................... 75

   5- La memoria en su sitio. Sobre el terror
      en los Centros Clandestinos de Detención argentinos ... 77
   6- Casas y memoria: rutas del espacio y el miedo
      en la narrativa argentina contemporánea ................ 87
   7- Los espacios irregulares de Mario Levrero ............. 99
   8- Rupturas y violencias en *El núcleo del disturbio*,
      de Samantha Schweblin ...................................... 111
   9- El aparecido y la horda. Fantasmas y zombis
      en la narrativa argentina reciente .......................... 119
   10- Paisaje, turismo y siniestro: notas
       sobre las sierras cordobesas y el monte chaqueño ... 151

**Bibliografía** ................................................................ 161

**Las horas nocturnas.** *Diez lecturas sobre terror, fantástico y ciencia*

# Prólogo

## Toda la noche hasta que salga el sol,

### Pablo Ansolabehere

**Las horas nocturnas.** *Diez lecturas sobre terror, fantástico y ciencia*

De entrada, desde el epígrafe inicial, Sandra Gasparini nos revela de dónde salen las horas nocturnas de su libro: cuatro versos en inglés que preceden lo que vamos a leer, a la manera de esas inscripciones admonitorias grabadas en el pórtico de una mansión antigua a la que se está a punto de ingresar. Esos cuatro versos (en los que un yo se confiesa ante un otro al que invoca, mientras cuenta horas nocturnas y habla de visiones ahogadas, sueños embrujados y poderes apenas entrevistos) dan una orientación firme acerca de la materia de la que trata este libro.

La oscuridad que fluye en él nace, sin duda, de la noche por la que transitan varias de las criaturas de los textos que Gasparini analiza; sin embargo también puede surgir del terror que se agita en la luz cegadora de los llanos de La Rioja, o de los interiores claustrofóbicos de las casas operativas, donde es imposible distinguir el día de la noche, o de las ficciones de Holmberg, que saben mezclar en proporción justa, naturaleza silvestre y ciudad, muerte y humor.

Lo que también nos aclara Gasparini es que esos versos crepusculares no pertenecen a un poema de Byron o de Poe, sino a una canción de *Opeth*, un grupo sueco de rock metálico-progresivo. Ese dato no es menor, porque nos instala, de entrada también, en el "Universo Gasparini", un universo en el que la literatura es parte de un caleidoscopio armado con dosis parejas de música, política, ciencia, ficción, cine y otras piedritas acristaladas que giran movidas por el pulso firme y calculadamente azaroso de la autora. Y esa música no es cualquier música: es rock. "Rock" –conviene aclararlo- entendido como un movimiento cultural, más allá de lo estrictamente genérico. Es decir: "rock" como se lo entendió durante mucho tiempo en Argentina, cuando esa palabra podía ir acompañada sin conflictos por el adjetivo "nacional", y de la que se desprendía naturalmente otro adjetivo identitario, "roquero" o "roquera" que, por cierto, a Gasparini no le sienta nada mal.

En este sentido puede decirse que *Las horas nocturnas* es un libro tan *roquero* como su trabajo anterior, *Iniciado del alba*, dedicado a la obra de Luis Alberto Spinetta. Uno y otro libro son variantes del mismo tema: las derivas de la cultura roquera argentina cocinada en los agitados hervores de las años sesentas y setentas, en la que convivieron sin contradicciones el rock (que incluía desde Pappo a M.I.A, desde los Stones a Los Jaivas, desde Miles Davis a Atahualpa Yupanqui), las revistas subterráneas, la bohemia, la ciencia ficción, el ecologismo, el terror primordial de Lovecraft, el hippismo, los alucinógenos y el amor libre, el Eternauta, el cine experimental, los laberintos de Escher, el surrealismo, y otras yerbas alternativas.

La predilección de Gasparini por el terror, lo fantástico y la ciencia (la forma especial en que concibe la ciencia) mucho tiene que ver, intuyo, con ese universo de origen, que es también un lugar de formación, previo y paralelo al del aprendizaje de la investigación y la crítica literaria. Es esa cultura roquera (que, conviene insistir, en nada se parece a la forma en que "Pomelo", el famoso personaje de *Peter Capusotto y sus videos,* entiende el "rock") la que, en buena medida, llevó a Gasparini, en el vasto y no siempre estimulante campo de la literatura argentina del siglo XIX, a interesarse por un autor como Eduardo Holmberg, sus fantasías científicas y toda una literatura que orbita alrededor de Marte y otros planetas, o a leer *Facundo* y los relatos de Gorriti en clave gótica, o a rescatar las historias extrañas y espeluznantes de una autora casi desconocida como Raimunda Torres y Quiroga, o a reconstruir la relación entre la vida bohemia y la ciencia en la Buenos Aires finisecular. Docente en la universidad desde hace años de la literatura argentina del siglo XIX, a la hora de investigar y escribir sobre esa literatura Gasparini ha sabido ser fiel a sus gustos y obsesiones, para ofrecernos —como lo prueba la primera parte de este libro- una mirada original sobre algunos clásicos o, incluso, para redefinir el canon (el lugar preeminente que ocupa Holmberg en la actualidad mucho le debe a su trabajo).

La "Introducción" continúa de manera natural los versos roqueros del epígrafe. Señala también un origen, cifrado en la infancia barrial del conurbano sur, donde conviven el *cine de superacción,* las series, las películas de terror de la Hammer, las de viajes intergalácticos, las historietas, los primeros superhéroes literarios, la literatura policial que se compra en los kioscos, y que suponen un aprendizaje natural sobre los géneros (no solo el fantástico) que tan determinante es para la mirada y el tono que definen estas *Horas nocturnas*. Y en ese relato de origen, además, también está el juego.

La violencia y el terror flotan en el aire de todas las cosas y, sin embargo, lejos de resultar paralizantes, son el principal combustible para la imaginación de un grupo de chicos de Lanús de la primera mitad de la década del 70. El juego infantil de la guerrilla que lidera Gasparini, transformada en personaje, explica también su interés por la política y el otro sentido que la palabra "terror" adquiere en este libro. Pero esa anécdota, además, remite a uno de los autores analizados aquí, al joven Sarmiento de *Recuerdos de provincia*, líder infantil de guerras de otros tiempos, que *Las horas nocturnas* sutilmente convoca. Por eso no es casual que uno de los capítulos de este libro analice la relación entre terror y enfermedad en *Facundo*, justamente allí donde Sarmiento narra las guerras entre los montoneros de Quiroga y sus enemigos unitarios. La guerrillera Gasparini es capaz de conectar ese terror de los inicios violentos de la patria con el terror de Estado –y con el género terror- que dan el tono de las ficciones y los testimonios sobre las horas nocturnas de la dictadura de Videla y compañía que –sin saberlo- los chicos del juego de la guerrilla se veían venir.

Este énfasis en la infancia como origen, esta presencia del rock (a esta altura una música tan de otra época como el tango) no implican nostalgia o pegoteo con el pasado. Gasparini hace suya una de las frases más conocidas y citadas de Spinetta, "mañana es mejor", y la emprende también con la literatura del presente y del futuro, como lo demuestran los capítulos de la segunda parte de este libro. De todos ellos quiero detenerme un momento en "El aparecido y la horda", porque es, a mi entender, el alma de diamante de estas *Horas nocturnas*. En este ensayo Gasparini no solo ofrece una lección sobre cómo trabajar con esa materia tan indócil y cambiante que es la literatura contemporánea, a partir de dos figuras condensadoras como lo son el fantasma y el zombi, sino que además se atreve a señalar lo que está por venir. Todo el arte de la autora se despliega en estas páginas (no casualmente es el ensayo más extenso del libro), en las que parece agotar la incesante proliferación (como es propio de toda plaga) de la literatura "Z" vernácula, a la que sitúa en su marco latinoamericano y en diálogo con el mundo audiovisual donde los zombis, como se sabe, son legión. Ese trabajo exhaustivo de búsqueda y lectura no se limita al relevamiento y la conformación de un corpus (ya de por sí todo un mérito). Por el contrario, el despliegue de ese corpus cobra sentido solo a partir de las hipótesis de lectura que formula Gasparini, en las que se nota su conocimiento al detalle de la bibliografía teórica más reciente sobre el tema. Zombis y fantasmas forman un tándem productivo e iluminador para buena parte de la literatura argentina y latinoamericana actuales, e incluso para pensar la lógica compositiva de este libro, ensamblado entre los espectros del pasado que asedia y las hordas distópicas del presente, donde la sombra terrible de Facundo se funde con las voces de los desaparecidos que invocan las chicas de un cuento de Mariana Enriquez y con los zombis politizados de un futuro que ya está a la vuelta de la esquina.

A este combo denso, a este conglomerado literario y cultural de épocas y lugares diversos aluden las *Horas nocturnas* del título. Pero también estas horas deben ser pensadas en relación con una labor silenciosa y constante sin la cual la existencia de este libro sería imposible. ¿Cómo se construye una obra de crítica literaria y cultural en Argentina, con rigor académico y sin renunciar al placer de ocuparnos únicamente de lo que nos apasiona? ¿Cómo se hace para concebir un libro compuesto de artículos de épocas y origen diversos, sin que esa diversidad lo transforme en una mera recopilación de las que suelen editarse para cubrir los casilleros de la burocracia académica y, de ese modo, evitar el castigo de ser expulsados del sistema o relegados a sus confines más denigrantes? La respuesta la da Gasparini con sus *Horas nocturnas*. Horas a las que prefiero pensar, también, como tiempo de trabajo, ese que se ejecuta en las horas extras agregadas a la labor docente en el aula, a la corrección, a la maternidad, a las exigencias de lo cotidiano. Horas nocturnas que llegan después de los trabajos del día, cuando el cansancio solo es vencido por la tenacidad y la pasión por la literatura (y por el rock) que nos gusta. Ajena a las imposiciones temáticas y autorales del mercado literario y académico, a los dictados de la moda teórica que mejor paga en ese mercado, Gasparini es fiel a sus gustos, a sus deseos y obsesiones. Solo así se entiende la persistencia y tenacidad que han hecho posible estas *Horas nocturnas*.

**Pablo Ansolabehere**

# Introducción

On the streets of Gaza, children play a game called *shuhada,*
which includes a mock funeral for a suicide bomber

Jessica Stern, *Terror in the Name of God*

Cuando éramos chicos, en mi barrio del sur del conurbano bonaerense jugábamos a la guerrilla. Corría el año 75. Nos habíamos dividido en dos bandos: uno, mayormente integrado por niñas de entre siete y diez años; otro, que coincidía con una barra de chicos de otra calle, exclusivamente integrado por varones de entre diez y doce. Nuestro frente guerrillero tenía un nombre formado por la primera sílaba del mío y las dos primeras de mi entonces amiga más cercana y subcomandante (porque la comandante era yo, claro). Habíamos hecho una bandera con papel estraza y diseñamos el logo con letras de distintos colores, escrito a mano y pintado con fibras. La pegamos en un palo de escoba con cinta *scotch*. Los rivales se habían limitado a atar a una gran rama de árbol un pañuelo colorido que alguna madre usaba para hacerse la "toca", tal usual en las prácticas de peluquería casera de la década. Los dos estandartes eran esgrimidos, las más de las veces, como armas de combate. Inspirados -tal vez- en los sucesos no tan lejanos de Sierra Maestra, presentes en la literatura oral contemporánea, bajábamos al ataque desde una montaña de escombros que había en la vereda de mi casa. Gritábamos, nos tirábamos piedras. Éramos guerrilleros y guerrilleras, y luchábamos sin método, con pasión y violencia desmesurada porque eso era ser guerrilleros. Un día escuchamos un temblor en la vereda. Nuestros rivales (¿qué nos disputábamos, me pregunto ahora? ¿Un espacio de poder en el adoctrinamiento popular, una parcela de sentido común entre tanta violencia del Estado?) no estaban a la vista. Todo era silencio. La avenida estaba desierta y se escuchaba solo la vibración en el asfalto. Nos asomamos, temerosos. Y entonces pasaron los tanques del ejército. Firmes, implacables, gris plomo. Uno detrás del otro. Enmudecimos. Del estupor, el grito de mi madre nos sacó al instante: ¡entren, chicos, entren! Al acercarse la noche, escuchamos que una tía lejana casi no había podido llegar a su casa, en una localidad cercana, porque "la guerrilla" (la de los adultos, esa que en silencio remedábamos y, sin saber bien de qué se trataba, admirábamos) había tomado el Batallón Viejobueno de Monte Chingolo. Muchos años después supe que los "guerrilleros" eran el ERP, que habían sido traicionados, y que esa había sido su última acción antes del golpe de Estado del 76: el ejército había dado allí la estocada final a la organización. Ese verano fue nefasto. El miedo se olía en las calles. Ya no salíamos a correr de noche, a los gritos, por el barrio, a la vista de nuestros padres sentados en los umbrales de las casas bajas. Todo se oscureció: nuestra infancia, nuestras conversaciones, nuestros vecinos que ya no estaban, nuestras fábricas que cerraban. Fue un punto de no retorno. Esos tanques no estaban aplastando solamente una acción del ERP. Estaban actuando sobre lo real controlándolo, modificándolo para siempre, dejando planos, en la calle, nuestros deseos de niños despeinados y sucios en las veredas. Controlando el espacio y las palabras. Vuelvo una y otra vez a esa imagen en mi memoria. Intento actuar sobre el caos, como lo hace una narración: infancia, violencia y terror son tres elementos que van a aparecer asociados en este volumen.

Esa niñez también tuvo los ciclos de Cine de Superacción y las series televisivas distópicas de los setentas, además del cine *catástrofe*, de superhéroes y *Kiss contra los fantasmas*, el primer Spielberg, la primera de la serie de *Star Wars* y las películas basadas en novelas de Stephen King, además de las reposiciones permanentes de *Hammer Film Production*. Después tuvo Poe, Quiroga y la colección Minotauro, junto con la kiosquera de Ágatha Christie que intercalaba con cortázares, manuchos, y algunos ejemplares del entonces incipiente mercado de novela juvenil. Más adelante, ya no importa, es más previsible.

Pensar las formas en las que la literatura trabaja con las angustias, las ansiedades, los sentimientos de disolución y las identidades desbordadas, con la exhibición obscena de lo que debería permanecer oculto es una manera de listar las propias imposibilidades, historizar una relación íntima con la lectura. El fantástico, modo o género, sigue pareciéndome una mirada compleja, política, caleidoscópica y cenital sobre lo real, y el terror y el horror, dos oscuros adláteres cuyo consumo masivo no hace sino refrendar la capacidad reveladora que el suspenso, el pathos y el *gore* ofrecen de manera oportunista. Pensar, entonces, la narrativa argentina del siglo XIX y del entresiglo XX-XXI, que es el caso que compete a este libro —con algunos saltos que llevan a leer a algunos autores sudamericanos- a partir de las coordenadas del fantástico y del terror, equivale a plantearse la intersección del gótico en sus dimensiones más diversas: en sus tropos recuperados, en su poder simplificador y a su vez multiplicador, en su conexión con lo global.

María Negroni ha advertido que la literatura fantástica latinoamericana puede leerse como una deriva de la literatura gótica, "como una nueva forma de resistencia a las cárceles de la razón y del sentido común" (*Galería fantástica* 9). La ruina de lo que fue, la grieta abierta por el gótico en la racionalidad iluminista es el corte por el que estos ensayos miran: se despiertan en las horas nocturnas, a contraluz y contracorriente, donde los terrores atávicos nos obligan a no perder la lucidez. Porque los fantasmas, los zombis y los monstruos que dejan las guerras en la literatura dibujan los mapas caprichosos de nuestras fantasías sobre el mundo y su final.

El libro está dividido en dos partes. En la primera, agrupé cuatro lecturas sobre narrativas del siglo XIX en las que la razón, la ciencia y el orden patriarcal se enfrentan a lo irracional, al caos, lo sobrenatural o lo inexplicable. En la segunda, integrada por seis, el anclaje es mayormente espacial y vinculado a la memoria histórica. En ambas, una delgada línea atraviesa los temores, los terrores, los horrores: la certeza de que tienen una raíz política, en tanto entran en juego el ejercicio del biopoder, las desigualdades de clase, género, etnia, las distopías que definen un *ethos* y auguran futuros sombríos ansiosos del fin de un orden.

En la literatura, la música y el cine las horas nocturnas no solo han sido las aliadas de las entidades antimiméticas que acechan la fantasía de mujeres y hombres sino también de la creatividad y de la imaginación científica, cuando, al calor de la estética romántica, florece la serendipia; cuando lo que no vemos nos asusta (o nos asusta lo que vemos). Estrategias de cuerpos nómades para desarmar imperativos de sedentarios, acciones contrahegemónicas, géneros desbaratados por las soberanías no siempre duraderas del realismo son las que encontrarán los lectores en esta bitácora de pensamientos sobre narrativas argentinas que me han hecho temblar.

# AGRADECIMIENTOS

Este conjunto de lecturas no habría sido posible sin la existencia del espacio formativo, de discusión y producción que significó el grupo de investigación "Formas del terror en la literatura argentina", dirigido por Pablo Ansolabehere y subsidiado por UBACyT, con distintas rearticulaciones, entre 2011 y 2018. Junto con María Eugenia Mendizábal, Marcos Seifert y Claudia Torre constituimos un equipo formidable en el que combinamos nuestras preferencias de lectura con la investigación y la amistad, en momentos donde no era fácil hallar bibliografía sobre el tema en el ámbito académico nacional. Producto de ese equipo fue, entre otras actividades conjuntas, la *Jornada de fantasmas y zombis argentinos: literatura, historieta y cine del siglo XXI*, realizada en el Museo Casa de Ricardo Rojas en abril de 2015, que me permitió discutir, poner a prueba y conocer muchas de las cuestiones planteadas en algunas lecturas de la Segunda Parte. La sede de ese proyecto, el Instituto de Literatura Hispanoamericana de la Universidad de Buenos Aires, dirigido por Noé Jitrik, a quien admiro y agradezco tanto, significó un apoyo académico continuo durante ese período, así como sus jornadas anuales de investigación una oportunidad para compartir y discutir algunas hipótesis. Otro lugar de aprendizaje y debate ha sido siempre para mí la cátedra de Literatura Argentina I (A) de la Facultad de Filosofía y Letras de la Universidad de Buenos Aires, donde trabajo hace décadas compartiendo muchísimo más que lecturas y dictado de clases con Pablo Ansolabehere, Graciela Batticuore, Alejandra Laera, Loreley Eljaber, Patricio Fontana y María Vicens. Con Pablo y María, también, a quienes se suma Emiliano Scaricaciottoli, tenemos la fortuna de integrar otro espacio académico valiosísimo en la cátedra de Narrativa Argentina I de la Universidad Nacional de las Artes, en la que hemos venido trabajando con muchas de las propuestas y bibliografía presentes en este libro.

En particular, con Ezequiel De Rosso tengo la deuda de su enorme generosidad intelectual, su conversación siempre cargada de datos, novedades y saberes de lo más inesperados y divertidos, su entusiasmo para insistir en que terminara este proyecto. A José María Marcos y Carlos Marcos, de Editorial Muerde Muertos, les agradezco su valiosa amistad, su enciclopedismo monstruoso –desde el punto de vista cuantitativo y desde la especificidad temática– y su patriótica insistencia en solventar la narrativa nacional de terror.

En el ámbito internacional, el proyecto de redes de investigación "Science in Text and Culture in Latin America", liderado por las investigadoras Joanna Page (University of Cambridge) y María Pilar Blanco (University of Oxford), del que generosamente me invitaron a formar parte entre 2015-2016, me permitió fortalecer vínculos con otros colegas que investigan temas afines y exponer mis ideas en dos oportunidades: en TORCH,

Radcliffe Humanities Building (University of Oxford) y en la Casa del Bicentenario en Buenos Aires. A Andrea Castro (Göteborgs universitet), con quien vengo sosteniendo una hermosa amistad hace ya diecisiete años, océano de por medio, le agradezco no solo nuestros diálogos sobre fantástico, ciencia, siglo XIX y otras cuestiones sino su enorme bondad y tesón para conseguir subsidios de la academia sueca –gracias a los cuales pude realizar, entre otras cosas, mi último viaje a Göteborg y Varberg, en el marco de un proyecto que tiene como coequiper a la también querida Kari Soriano Salkjelsvik (Universitetet i Bergen)– que fomentan el intercambio entre pares y la producción de ideas y debates. Algo que lamentablemente en los últimos años no ha encontrado soporte estatal en nuestro país.

Mi reconocimiento, también, y mi cariño para Anna Forné (Göteborgs universitet) y Rossana Nofal (Universidad Nacional de Tucumán), con quienes compartimos una semana en la bella Puebla, sede en 2008 del IILI, donde las escuché hablar sobre narrativas testimoniales acerca de las dictaduras argentina y uruguaya, lo que funcionó como disparador inicial de buena parte de las hipótesis que se leerán en este conjunto de ensayos. Por otra parte, sin la amistad, el ingenio y el chisporroteo inteligente de Hernán Bergara, con quien integro el colectivo de barricada VyZ, estos últimos años hubiesen sido más oscuros.

Guardo las líneas finales para celebrar, en ellas, el amor y la camaradería intelectual que comparto con Fernando Figueras, que me ha alegrado la vida y me ha enseñado, entre otras cosas, a no desesperar ante la página en blanco o ante los blancos en la página. Y también, claro, el amor infinito y eterno por Lauti.

Villa Sarmiento, Buenos Aires, febrero de 2019

# PRIMERA PARTE

### Alrededor de las ciencias: locura y horror en el siglo de la razón

## El terror como enfermedad. Facundo y las fascinaciones de la barbarie en Sarmiento y en Gorriti[1]

La teoría literaria y los estudios sociológicos se han ocupado de diferenciar los conceptos de terror y horror. En la entrada firmada por Fred Botting en *The Handbook to Gothic Literature*, el horror aparece asociado a emociones intensas, a lo repulsivo. Induce parálisis, pérdida de la conciencia y confusión mental; se vincula con el borramiento de las imágenes, la disolución, el "derretimiento" (124). La causa del horror es menos discernible que la del terror. El horror aparece cuando el miedo se acerca un poco más a lo familiar y nada tiene que ver con lo sublime. Un buen ejemplo de su representación son los laberintos y criptas propias del gótico. "Puede ser inscrito en la constelación terminológica del miedo", concede Cavarero, a la vez que observa: "Hay algo de espantoso pero, más que al miedo, concierne a la repugnancia" (23). El cuerpo, entonces, ganado por el asco frente a una "forma de violencia que se muestra más inaceptable que la muerte, reacciona agarrotándose y erizando los pelos" (24). El terror, en cambio, está conectado a una amenaza inmediata. Se trata de una emoción movilizante, liberadora de una energía que estimula en el sujeto un elevado sentido de sí y un movimiento de trascendencia (Botting 124). Se conecta con el dominio sociopolítico y se asocia con el sello de un régimen. Combina la inmersión en una condición de "abyección política" con la ilusión de escapar de esa situación y "re-emerger" del escondite. En cambio, el horror capitaliza la impotencia.[2]

Buena parte de los textos inaugurales de la literatura argentina comparten un interés por la indagación sobre el terror político. Esteban Echeverría (1805-1851), Domingo F. Sarmiento (1811-1888), José Mármol (1817-1871), José Rivera Indarte (1814-1845) y, más tarde, Juana Manuela Gorriti (1818-1892) han trabajado sobre un núcleo que tiene su escalada máxima fijada en el año 1840, al que la historiografía ha denomi-

---

[1] Publicado en primera versión en el Dossier "Gótico en Latinoamérica y en el Caribe", dirigido por Sandra Casanova-Vizcaíno, en *Revista Badebec. Revista del Centro de Estudios de Teoría y Crítica Literaria*, VOL. 3 N° 6. Marzo de 2014.

[2] Ann Radcliffe (6) propuso que el terror se caracteriza por la oscuridad o indeterminación en su tratamiento de eventos potencialmente horribles, indeterminación que eleva al lector al sentimiento de lo sublime. En cambio, el horror aniquila la capacidad de respuesta del lector con su despliegue de atrocidad, independientemente de que Radcliffe camine a menudo en el límite entre ambos.

nado "del terror", cuando Juan Manuel de Rosas (1793-1877) se vio acorralado por diversos factores internos y externos (Lynch).[3] El discurso histórico y el literario han elaborado diferentes relatos a partir de esta arma gubernamental eficaz y mortífera. Textos emblemáticos decimonónicos como "El matadero" (¿1838?), de Echeverría, o *Amalia* (1851-1855), de Mármol, han intentado desentrañar el enigma del funcionamiento de esta máquina, pero pocos lo han hecho remontándose a quien consideraban el origen del terror rosista, su prototipo en estado puro: la figura de Facundo Quiroga (1788-1835). En esa construcción se han condensado elementos del imaginario romántico y gótico que articulan narraciones transversales.

Esta lectura se centra en un mismo episodio histórico (fechado en 1831), anterior a esta matriz narrativa, contado por dos autores diferentes y alejados entre sí en el tiempo veinte años: el capítulo 12 de *Facundo* (1845) y "La novia del muerto" (publicado en 1865 aunque probablemente escrito antes), de Juana Manuela Gorriti. A través de él, Sarmiento plantea el carácter sintomático del terror, al que define como "enfermedad". Gorriti, en cambio, preferirá narrar las consecuencias que en el mundo privado, en los cuerpos, alcanzan las acciones públicas, que derivarán en la locura de la protagonista.

## Alegoría política y terror

En el capítulo 12 de *Facundo* (subtitulado "Ciudadela"), Sarmiento construye narrativamente el terror a partir de un episodio de la historia patria. Elige como escenario la Ciudadela de Tucumán, antigua fortaleza en la que el general Belgrano había instalado en 1812 sus cuarteles en la lucha del ejército libertador contra las fuerzas realistas. Es ese "antiguo campamento de los ejércitos de la patria" (Sarmiento 191) el que será tomado por sorpresa por un ejército eficaz en su velocidad y estrategia, suceso histórico que tuvo lugar el 4 de noviembre de 1831.

En contraste con este pasado épico, el terror se enfoca en un escenario exento de gloria y, en cambio, cargado de sangre y agonía. Un epígrafe realza la antítesis: es una escena idílica de Malte-Brun sobre los

---

[3] Lynch afirma que "el terror no era anárquico. Ni era tampoco un poder delegado, tramado y aplicado por subordinados… En este régimen, el terrorista era el gobierno… El terror no era masivo ni continuado, sino limitado y esporádico. Y tampoco era un instrumento de clase. Dentro de sus objetivos esencialmente políticos, es verdad, había una cierta tendencia clasista, porque las víctimas principales eran las que constituían la élite unitaria [cuya intención era] destruir una clase dirigente rival" (201).

tucumanos, en la que al codificado paisaje bucólico que enmarca al del pasado, cargado por los honores de los soldados de la Independencia, se superpondrá, pocos párrafos más adelante, el sistema de terror implementado por Facundo.

Desde un primer momento, Sarmiento se encarga de postular el carácter político de este terror que gana la batalla

> El ejército [del general Lamadrid] se presentaba a la batalla medio federalizado, medio montonerizado, mientras que el de Facundo traía esa unidad que dan el terror y la obediencia a un caudillo que no es causa, sino persona, y que, por tanto, aleja el libre albedrío y ahoga toda individualidad" (192).

Es decir, no es una "causa revolucionaria" la que mueve a este ejército, sino la personificación del terror en un sujeto que lo administra, Facundo, porque la causa revolucionaria está posada en el otro bando (unitario) o en el pasado de Mayo.

El "terror revolucionario", alimentado por una ideología contestataria o presiones meramente políticas o sociales que alientan a las masas, como puntualiza Arno J. Mayer (87-88), no es el que prevalece en este capítulo. La figura de Facundo, así construida, tampoco es la de un conductor que abraza una ideología categórica para promover su atribución de poder. Perjudicado por malas decisiones de estrategia militar, el ejército opositor se presenta caótico y disgregado frente a la unidad ("que dan el terror y la obediencia") del liderado por Facundo, "unidad de hierro" que entra en evidente analogía con la obediencia ciega que genera Rosas. Al superponer en palimpsesto la imagen de la Ciudadela heroica de Belgrano, que Alberdi ya en 1834 había descripto en ruinas en la *Memoria descriptiva del Tucumán*, y la invasión del monstruo-caudillo, se logra el efecto de terror en la narración del episodio histórico. Caudillaje y monstruosidad aparecen emparentados en *Facundo* y remiten a la figura en segundo plano de Rosas, el monstruo mayor. Jeffrey J. Cohen propone que "The monster is born only at this metaphoric crossroads, as an embodiment of a certain cultural moment—of a time, a feeling, and a place" (4). Si el monstruo existe para ser leído (etimológicamente "revelado", "descifrado", señala) ésta es la lectura que Sarmiento postula: el terror y la ansiedad provocadas por la figura del monstruo-caudillo preparan el terreno para el reino de la "Esfinge". Efectivamente, a lo largo de *Facundo*, Rosas aparece muchas veces en el plano alegórico de la mitología y de lo teratológico. La formulación parece apuntar tanto a una personificación del terror en la figura del "tirano" como a conferirle un carácter universal vinculado a situaciones de despotismo, que el texto analogiza con representaciones orientalistas (Piglia 17; Altamirano 88). No debe pasar inadvertido que el soporte en el que se publica (en entregas, en el diario chileno *El Progreso*) le agrega un ritmo propio de folletín con sus oposiciones tajantes y sus apelaciones a lo grotesco e impactante. Rosas es, en definitiva, para Sarmiento, "el monstruo que nos propone el enigma de la organización política de la República [...] la Esfinge argentina, mitad mujer, por lo cobarde, mitad tigre, por lo sanguinario" (14); es "el monstruo [del que huían los unitarios y que] buscaba a la ciudad, a las instituciones civiles" (149), "el monstruo de la Pampa", "aquel monstruo sediento de sangre y de crímenes".

De modo complementario, el proceso de "beatificación" de Tucumán, como núcleo de los sentimientos patrióticos asociados al grupo del 37, tiene que ver no sólo con el período de las guerras de independencia de las que fuera escenario esta ciudad en la naciente Argentina ni con la proclama del 9 de julio de 1816. La construcción de esta imagen juega un contraste que pone a Buenos Aires en el lugar opuesto, el de la ciudad tomada por el monstruo más sediento de sangre y más representativo del mundo rural, Rosas.

La representación de la ciudad de San Miguel de Tucumán, codificada como una exótica aldea oriental cargada de perfumes naturales y selva exuberante que enmarca la belleza de las tucumanas, tiene segmentos significativos en la *Memoria descriptiva*, en el *Facundo*, en *Amalia*, y en el relato de Gorriti.[4] En la "descripción" de Alberdi, en la que el paisaje bucólico se convierte en ruina, se agrega la superposición de fragmentos autobiográficos de la propia infancia y de la "infancia de la patria" en Tucumán. Presencia de ruinas, contrastes diametrales, mujeres angelicales opuestas a sátiros perversos, son algunos de los elementos que profundizan las relaciones entre el género gótico y estos textos que tienen un lugar fundamental en la constitución del canon de la literatura argentina del siglo XIX (Ansolabehere, "Pampa gótica"). Ordiz (17) encuentra en la etimología de la palabra "goth" (godos) la asociación de lo gótico con lo bárbaro y lee este concepto en las narrativas góticas como lo monstruoso

---

[4] Adolfo Prieto ha señalado el vínculo intertextual entre la *Memoria descriptiva del Tucumán* (1834) de Alberdi y el pasaje de *Facundo* con el libro del viajero inglés Joseph Andrews, *Viaje de Buenos Aires a Potosí y Arica* (1827), que habría funcionado como texto modelizador.

subyacente, opuesto a lo exterior que forma parte indiscernible de lo "normal".

## El laberinto del fauno

En su emblemático libro sobre el caudillo riojano, Sarmiento hace además un uso político de la mitología clásica: en Tucumán "el Cupido o el sátiro [Facundo] no estaba ocioso" (199). La monstruosidad implícita en la figura del sátiro, mitad humana, mitad animal, se refuerza en la morosa narración de las trampas del fauno/Facundo frente al corro de señoras y señoritas que acuden a él, desesperadas, para pedir por las vidas de hermanos, esposos y novios, ahora prisioneros de guerra. El minotauro, el "león" que descansa luego de la batalla, las recibe en su laberinto de mirtos y cedros —"una de esas enramadas sombrías"— y las deja hablar no sin "complacencia y contento" (Sarmiento 195). El monstruo maneja el tiempo ("no estaba ocioso", se nos advierte): amablemente pide detalles y se interesa por las familias de las muchachas. La cima del terror es alcanzada cuando Facundo les advierte sobre el ruido de las descargas del pelotón de fusilamiento que, entretanto, se había preparado para cumplir la orden que jamás había sido suspendida. El cuerpo del monstruo es pura cultura, constructo y proyección; sólo existe para ser leído por quien sepa descifrarlo: significa algo diferente (Cohen, "Monster Culture" 4). La mirada de Sarmiento carga este episodio de valoraciones negativas. Para introducir esta orientación apela inmediatamente a la identificación del lector con los sujetos victimizados: "dos hermanitos" se abrazan para morir fusilados; y, más adelante: "Si al horror de estas escenas puede añadirse algo"… (196).

Facundo maneja lo público y lo privado: en la plaza hace fusilar, desnudos, a los familiares y afectos de las muchachas e incluso los manda buscar en las camas para traspasarlos con las balas hasta "incendiar" las sábanas. Desde la plaza, el pelotón arrastra los restos mortales hasta el cementerio (dos espacios públicos hábilmente utilizados por la máquina punitiva), aunque los fragmentos y despojos supliciados que se disputan los perros famélicos marcan como un reguero el itinerario del terror político: "¡Cuántas glorias arrastradas así por el lodo!" (Sarmiento 196), alegoriza el narrador.

El terror, experiencia conectada a una amenaza inmediata, en este caso el abuso de poder del bando federal, remite al rosismo del presente de la escritura (el exilio en Santiago de Chile, 1845). Ya señalé que Botting

(124) define el terror como una emoción vinculada al dominio sociopolítico que libera una energía capaz de estimular un elevado sentido de sí en el sujeto y un movimiento de trascendencia.[5] El horror, en cambio, convoca la revulsión e induce estados de parálisis, pérdida del habla y confusión mental: también algo de ese orden puede vislumbrarse en los despojos mortales de los unitarios, enlazados en los caballos de los soldados y arrastrados hasta el cementerio, aunque "algunos pedazos de cráneos, un brazo y otros miembros quedan en la plaza de Tucumán y sirven de pasto a los perros" (Sarmiento 196).

De las palabras de Sarmiento mencionadas más arriba se desprende que el terror provocado por Facundo, que se presenta como génesis del desarrollado posteriormente por Rosas, no es un terror revolucionario de corte jacobino, sino algo mucho más visceral y atávico, como el pánico que acompaña al instinto de supervivencia. Y es que una naturaleza frondosa rodea estos sucesos sangrientos: el narrador enmarca la escena del ruego de las jóvenes ingenuas con la descripción de la vegetación tucumana que recrea el texto del viajero inglés Joseph Andrews como si quisiera ubicar a los actores en el escenario romántico más salvaje y primitivo, paisaje también recreado en el cuento de Gorriti. De modo que es una mezcla de terror político y terror atávico lo que hace marchar el poder de Facundo.

Si el monstruo es el que trasgrede los códigos de la razón y de la moralidad presentando "excesiva y viciosamente" escenas y personajes impropios (Botting 163), Facundo encarna en este capítulo lo monstruoso. El monstruo –aunque ligado al presente en las condiciones de producción: el gobierno de Rosas que lo obliga al exilio y a "defenderse" mediante la escritura de batalla- representa una cultura anterior que quiere desecharse, lo que justifica su desplazamiento o exterminación como un acto heroico (Cohen, "Monster Culture" 7-8). Los rasgos monstruosos de Facundo aparecen duplicados, deformados y aumentados en la figura del Restaurador, operación textual que remite al tema del doble, asociado al repertorio del fantástico.

La materialidad que los cuerpos adquieren, en este capítulo en especial, tiene una relevancia significativa: se enfocan la desnudez, las laceraciones, las heridas, las torturas, las marcas en los cuerpos vivos y muertos, la belleza exagerada de las mujeres, la juventud o vejez de los rostros

---

[5] Botting (124) vincula la idea de "uplifting emotion" (que puede traducirse como emoción que eleva el espíritu, que levanta el ánimo) con la expresión "terrific" ("tremendo, increíble" pero también "espantoso") para caracterizar el terror.

y las reacciones que los estímulos del terror producen en ellos (pasmos, espasmos, diarrea, palidez extrema, gritos, llanto). Esta cuestión se une a un núcleo de sentido muy productivo que propone Sarmiento para explicar las estrategias del poder rosista y que formula de esta manera: "Es que el terror es una enfermedad del ánimo que aqueja a las poblaciones, como el cólera morbus, la viruela, la escarlatina" (138). En simultaneidad con la ubicación de esta "enfermedad" en una serie de patologías, el narrador se distancia a través de un efecto cientificista logrado por el uso del léxico médico que ensaya diagnósticos sobre somatizaciones. El médico que diagnostica nunca está enfermo; tiene un aura luminosa que lo inmuniza de las pestes sociales.

La oposición a Facundo (y a Rosas) está enferma de terror y esta situación se sustenta en una estrategia política: la disentería es la enfermedad del terror, manifestado en el rechazo del cuerpo y su vaciamiento por los esfínteres (náuseas y vómitos, dolores abdominales y diarreas profusas). El narrador enumera y describe las torturas de "limpieza", flogísticas (lavativas de ají y aguarrás) que utilizaba la Mazorca, brazo armado de la Sociedad Popular Restauradora, para conjurar la ironía o la risa, como escarmiento frente a las negativas a demostrar adhesión a la causa rosista. Y es que para Sarmiento el gobierno de Rosas carece de humor. O el humor del gobierno de Rosas no coincide con el de Sarmiento. La hipótesis sobre la relación causal entre terror y disentería podrá ser médicamente inexacta, pero la homonimia de esta palabra con "disentir" parece muy conveniente para la argumentación del autor[6]. La disentería es producto de una circunstancia social y sanitaria muy específica compatible seguramente con un estado de guerra que puede ser concomitante, a su vez, con un estado de terror propiciador de esas condiciones. Padecer esta enfermedad aparece como la consecuencia del disenso: oponerse a la máquina de guerra federal tiene efectos inmediatos en los cuerpos.

La exhibición pública de las mutilaciones, los escarmientos frente a todo el pueblo y el cumplimiento de "prendas" siniestras relacionadas perversamente con el delito del que los prisioneros de guerra o los pobladores comunes son acusados hacen serie con la infantilización de los ciudadanos opositores, casi como una consecuencia de esta metodología de

---

[6] La disentería es una afección producida por una bacteria que llega al tubo digestivo humano por ingesta de agua u otros alimentos contaminados y se aloja en el intestino grueso, es decir, no simplemente se produce como consecuencia de un estado emocional en particular.

tortura. Esa infantilización y sometimiento puede leerse también en "El matadero" de Echeverría (retomada en "El niño proletario" –1973–, de Osvaldo Lamborghini), en "La refalosa" (incluida en el *Paulino Lucero*, 1839-1851) de Hilario Ascasubi, en los relatos testimoniales sobre los centros clandestinos de detención de la literatura posdictatorial y en sus ficcionalizaciones en la narrativa argentina de los últimos diez años. Volver niños a los ciudadanos a través de situaciones lúdicas solo gozadas por los verdugos es privarlos de sus derechos como adultos y someterlos a una estricta tutela idiotizante que quiere revelar el carácter omnímodo del poder. Hacer caminar desnudos a los prisioneros por todo el pueblo exhibiendo sus heridas, obligarlos a cantar durante el tormento, a formar fila tomando distancia entre uno y otro como si estuvieran en la escuela o a hacer una "ronda" son algunas situaciones que se describen en los diferentes textos antes citados y en testimonios de sobrevivientes de los centros clandestinos de detención, tortura y exterminio nacionales.[7]

El terror político provoca enfermedad; se transforma en práctica concreta en la tortura de cuerpos y psiquis de los enemigos, construye sistemas de control con posiciones de dominación definidas en las que los verdugos asumen el rol de adultos y las víctimas, de niños indefensos. Sarmiento detecta una clave en estas ceremonias punitivas premodernas: esos cuerpos supliciados, espectacularizados son víctimas de una práctica penal que la modernidad europea ya ha cambiado a favor de la represión penal en la que se destaca un uso segmentado y controlado del tiempo (Foucault).

## La otra mirada

Juana Manuela Gorriti está instalada en Lima cuando, en 1865, Vicente G. Quesada publica en Buenos Aires *Sueños y realidades*, al que pertenece su relato "La novia del muerto". De familia unitaria, la escritora debió afrontar la proscripción desde muy pequeña durante el gobierno de Rosas. Su exilio finaliza en 1885, cuando se instala en Buenos Aires, aunque el regreso a Salta en 1886 cierra verdaderamente el círculo.[8] Su padre, José Ignacio Gorriti, congresal de la independencia en 1816 y más tarde

---

[7] Ver, en este volumen, "La memoria en su sitio"…

[8] Para una lectura sobre la construcción de la figura de autora en Gorriti, ver Cristina Iglesia. "Juana Manuela Gorriti: la escritora del destierro". En *Dobleces. Ensayo sobre literatura argentina.*

gobernador de la provincia de Salta, partió al destierro en 1831 como consecuencia del triunfo de Facundo Quiroga en Tucumán. Allí comienza la vida itinerante de la escritora en Bolivia, su larga y productiva estadía en Perú, sus idas y vueltas a Buenos Aires hasta su muerte, en 1892.[9] Muchas de sus narraciones están atravesadas por la política en su vertiente de las luchas facciosas latinoamericanas y, a la vez, en el modo de las luchas de género entendidas como una negociación de posiciones de poder. Algunos cuentos de Gorriti como "Una visita infernal", "La hija del mazorquero" y "El fantasma de un rencor" incorporan elementos del repertorio gótico como la sangre, los fantasmas y los monstruos, estos últimos de modo metafórico y asociados al fenómeno histórico de la lucha de facciones."La hija del mashorquero", incluido en *Sueños y realidades*, comienza con la presentación de Roque Almanegra, personaje de la Mazorca delineado con trazos gruesos que apuntan a construir un monstruo que es brazo de la violencia federal:

> Roque Almanegra era el terror de Buenos Aires. Verdugo por excelencia en una asociación de verdugos llamada Mashorca y consagrado en cuerpo y alma al tremendo fundador de aquella terrible hermandad… Cada semejanza con la humanidad había desaparecido de la fisonomía de aquel hombre y su lenguaje. (Gorriti 153)

En "El fantasma de un rencor" (incluido en *Panoramas de la vida*, 1876), Rosalía, una enferma de tisis a punto de morir, protagoniza un drama familiar originado en "una cuestión política" que concluye con el suicidio de su novio, malquistado con la familia por su futuro cuñado, presa de un "odio de partido". Cuando el hermano de Rosalía cabalga para darle el último adiós se cruza con su sudario, lo cual espanta a su caballo. Se ha adelantado el momento de su muerte, ha contemplado a su "doble

---

[9] Graciela Batticuore ha estudiado la cuestión de la "autoría femenina" en la producción de Gorriti y otras escritoras del siglo XIX. Si bien lo que denomina "ficciones patrias" son "una serie de relatos menos autobiográficos" de la autora, vinculados a la literatura sobre Juan Manuel de Rosas, afirma que es posible sostener que "*la inseparabilidad entre la vida y la obra* de Gorriti, así como la relevancia de su nombre en el escenario cultural de mediados del siglo XIX, tal vez solo pueda ser comparable, por su popularidad y su éxito, a la de Lucio Mansilla, cuyo temperamento excéntrico precedió también y acompañó el interés del público de sus escritos" (Batticuore, *La mujer romántica* 284. Cursivas del original).

espectral". En el segundo caso puede leerse un ejemplo de uso desviado del fantasma como motivo capaz de convocar conflictos asociados a los sujetos atravesados por la política de facciones. En el primero, se construye un monstruo a partir de los rasgos que le impone la violencia política. En tanto reelaboración de la novela gótica y de la estética romántica, los relatos fantásticos de Gorriti presentan a las mujeres como subjetividades atravesadas por una sensibilidad extrema que les permite acceder a otras realidades y conectarse con saberes contrahegemónicos que usan eventualmente para dominar a los hombres y volverse peligrosas. Así, la "excéntrica" magnetizadora de "Quien escucha su mal oye" (1876), la protagonista de "Una visita al manicomio" (1876) (a la que el paciente/ "diablo [de] la décima legión" le confiesa su "desgracia"), la Rosalía moribunda de "El fantasma de un rencor" (1876) —quien protagoniza quizás una comunicación telepática— son ejemplos de una obsesiva tendencia a señalar capacidades femeninas ocluidas por un dominio predominantemente masculino que comienza a perder hegemonía.

La novedad de su narrativa reside principalmente en la reescritura de tópicos de la literatura gótica y romántica europea y en el hecho de que propone, muy tempranamente, temas que se reelaborarán en Buenos Aires a partir de 1870, período decisivo para la constitución nacional de géneros como las ficciones cientificistas, las fantasías científicas y el fantástico moderno (Gasparini, *Espectros de la ciencia*). Sus relatos instalan el protagonismo femenino —que esas estéticas europeas ya habían construido— en el marco de las luchas políticas de Sudamérica aunque con un rol más activo.

## El cadáver del novio

En "La novia del muerto", que se inscribe en la serie del repertorio de las luchas de facciones, Tucumán es, como en *Facundo*, una ciudad de "aspecto oriental" (Sarmiento 193), con todos los tópicos que ya hemos señalado sobre esta provincia vinculada con la historia de la independencia nacional. El orientalismo, relacionado con la barbarie, al que se agrega el exotismo que el romanticismo había cultivado, agregan elementos amenazantes al espacio gótico construido a partir de la presencia del caudillo y del uso que hace de él.[10]

---

[10] Said, en su clásico ensayo sobre el "orientalismo" lo define como una tradición que se remonta hasta antes del siglo XIX y que posee un vocabulario, imágenes y retórica

Gorriti elige una perspectiva diferente a la de Sarmiento. Focaliza la acción en el antes y después de la batalla de la Ciudadela. Su reconstrucción de los hechos históricos se compone desde el ámbito familiar y los militares que remiten a ese episodio no son los personajes centrales. El comandante efectivo de las fuerzas unitarias, el general Lamadrid, principal culpable de la derrota según Sarmiento, ni siquiera es mencionado. En cambio, la mención del general Alvarado, "de funesto agüero", tiende a insinuar que su ausencia, combinada con el mal manejo del general López, habría resultado concluyente para el desastre bélico. El relato, finalmente, coincide con el de Sarmiento: la desinteligencia entre militares unitarios provocó la deshonrosa derrota que decidió la suerte de esta batalla decisiva en la lucha de facciones.

El espacio se carga, en "La novia del muerto", de elementos del género gótico. Lo que tímidamente se insinuaba en Facundo, aquí es exasperado en función de lograr una atmósfera de opresión y fatales contrastes que tienen su correlato en el contexto faccioso: día/noche, sombra/luz, oscuros uniformes/blancos velos de virgen, montoneros federales/soldados unitarios. No falta ni el ulular del búho en la aislada "enramada" (como la morada del Facundo/fauno sarmientino), ni la reja móvil en la ventana de la doncella ni mucho menos el monje lujurioso: a la casa de Vital, la precede "un jardín plantado de limoneros y tupidas lianas" (Gorriti, *Sueños y realidades* 184); cuando desensilla cerca de ese lugar, el romántico Ravelo calla porque escucha un ruido entre el ramaje –"era un búho espantado que se llevó en el siniestro viento de su ala aquella exclamación de esperanza" (187)–. Pero este gótico tardío, donde también la sangre se derrama y se confunde con el rojo de las casacas federales, centraliza su interés, como en otros relatos de Gorriti, en las reacciones emocionales que las prácticas de la guerra provocan en las mujeres. Aquí el monstruo no es sólo Quiroga. "El villano del gótico es la contracara de la víctima indefensa, donde se concentra la relación de sado-masoquismo", recuerda

---

propias con el cual decirlo (64). El orientalismo reforzó la idea de que Europa y Occidente dominaban la mayor parte del mundo. Hay un conjunto de figuras representativas o tropos que construyen la geografía imaginaria orientalista que suponen estereotipos tendientes a representar a Oriente como algo exótico, presentado sólo para el público europeo (Said 99). En el caso del *Facundo*, sobre la metáfora orientalista, agrega Altamirano (1997): "la sola idea del encanto exotista y sus recursos, sin embargo, no dejaba entrever que uno de esos procedimientos, el más frecuente, si bien no el único, el de las analogías orientalistas, iba asociado a una red de elementos que agrupaba no sólo estereotipos literarios, sino también estereotipos ideológicos, inscriptos todos ellos en una empresa de dominación" (88).

Amícola (93), y ese villano encarna en "La novia del muerto", por un desplazamiento, por una duplicación –como en *Facundo*– la representación del clero corrupto.

El relato roza el repertorio fantástico pero no se apropia de sus estrategias, no transgrede las leyes de la naturaleza. En este punto también Gorriti se destaca en función de su singularidad. Cuando Vital, la protagonista, comprueba que había pasado la noche anterior no con su amado, un oficial del ejército unitario, sino con alguien (un monje dominico) que se hizo pasar por él, en silencio, en la oscuridad de la habitación, inmediatamente ingresa en una demencia que, hasta el presente de la escritura, treinta años después, no la abandona: "Desde ese día, Vital se volvió un ser *fantástico* que se deslizaba entre los vivientes *como un alma en pena*" (Gorriti, *Sueños y realidades* 192, cursivas mías). Cabe otra posibilidad de lectura: cuando Vital comprueba que Ravelo, su amado, había sido fusilado el día anterior y que el anillo que dejó en su mano el hombre con el que pasó la noche es el que ella le había regalado al comienzo de la relación entre ambos, enloquece al pensar que estuvo con su fantasma. De todos modos, el narrador desmiente esta posibilidad al introducir comentarios sobre las intensas reacciones que provoca en el sacerdote tanto la contemplación de Vital durante la misa como el encargo que le hace Ravelo, moribundo, de entregarle a su amada el anillo que ella le había regalado. Queda fuertemente sugerido que el cura aprovecha de modo macabro la situación para hacerse pasar por el amante muerto que Vital cree aún vivo.

La comparación ("se deslizaba entre los vivientes como un alma en pena") provoca el distanciamiento y el adjetivo "fantástico" restringe el alcance terrorífico de "fantasma", aunque está unido a él etimológicamente; no hay una irrupción de lo irracional que invierta las leyes naturales. El terror como enfermedad, entonces, no se manifiesta por el vaciamiento de los esfínteres sino por una afección más incontrolable que había comenzado a preocupar en las grandes metrópolis a neurólogos y médicos, la locura.

El trastrocamiento de identidades (joven unitario bello y heroico / monje federal corrupto y lujurioso) y la violación de las reglas de una sociedad que se asoma a la anomia total tras el caos de la guerra civil y la corrupción del clero, cómplice del poder, se inscriben en el repertorio gótico y refuerzan la catástrofe privada impactada por la pública: Vital es la hija del montonero federal Avendaño, de modo que su unión con el soldado unitario se vuelve imposible (Batticuore, "La novela de la historia").

## Enfermedad y control: algunas aproximaciones

El terror funciona articulando en los textos de Sarmiento y de Gorriti la fascinación que ejerce la barbarie en los narradores. En *Facundo* la enumeración de hechos de sangre termina por saturar el relato, por lo que el narrador advierte a lo largo del texto que "Diciendo más, los cuadros saldrían recargados, innobles, repulsivos" (113). A la voz que cuenta la "La novia del muerto" le seduce ubicarse en la perspectiva de la hija del montonero federal para explicar, desde la intimidad de una pareja deshecha, la irracionalidad de la guerra, que transforma a los personajes en Montesco/Capuleto, Orsini/ Colonna, reenviándolos a la tradición literaria europea.

De modo que provoque locura o disentería, el terror político articula en estas narraciones hipótesis sobre el control que el poder pretende ejercer sobre los cuerpos. Y es que el terror está implícito en el espíritu de las ceremonias punitivas, como advirtió Foucault, ya que el "ejemplo" debe inscribirse en el corazón de los hombres, constituyendo así una política que pretende "hacer sensible a todos, sobre el cuerpo del criminal, la presencia del soberano" (Foucault 54). En estos textos la criminalización se advierte en un proceso de escritura que hace recaer el delito en el verdugo del bando político opositor y no en el sujeto criminalizado y sometido a suplicio y muerte por la facción triunfante.

Como lo habían intuido ya Sarmiento y Mármol, el terror político que genera la máquina rosista productora de relatos sobre el terror cuenta además con un plus, el de la azarosa irracionalidad para seleccionar su objeto. "Eso es, exactamente, el Terror", señala Grüner: "la completa arbitrariedad del Significante que –al decir de Sartre- serializa al sujeto para transformarlo en un átomo de (in)significancia" (10). Y en esa serie, la enfermedad adquiere un poder, el de construir un refugio contra la violencia.

## Bohemia literaria y ciencia en el fin de siglo porteño[11]

Las formas de sociabilidad del Buenos Aires de la década de 1870 se caracterizaron fundamentalmente por el asociacionismo literario y científico.[12] En los cruces de integrantes de heterogénea procedencia y en la cantidad de nuevas academias y asociaciones se revela la vertiginosidad con que nuevos saberes circulan y se recrean. La característica común de todas ellas es la tendencia juvenilista y la sensación, presente en proclamas y órganos de difusión, de estar fundando las bases de otra sensibilidad estética o científica en sintonía con el proceso modernizador.

Como señala Hilda Sábato, la voluntad asociacionista en la Argentina llega en la década de 1850 también al "campo profesional" con la Asociación Farmacéutica de Buenos Aires, mientras que los médicos, por su parte, organizaron hacia 1860 la Asociación Médica Bonaerense por iniciativa de un grupo de jóvenes graduados de la Facultad de Medicina que profesaban diferencias importantes con sus profesores. Sin embargo, frente a los problemas suscitados ante la epidemia de fiebre amarilla de 1871, la Asociación perdió fuerza y muchos de sus miembros abandonaron las filas para ejercer exitosamente su profesión. Es entonces, según indica Sábato, cuando nuevos grupos tomaron la iniciativa. Se gestó en este período un movimiento estudiantil que cuestionó a la institución universitaria, lo que afectó sobre todo a la Facultad de Derecho pero también a la de Medicina, finalmente incorporada a la Universidad como Facultad de Ciencias Médicas en 1874, cuando se introdujeron reformas y se nombró rector a Vicente F. López. Por entonces, también se volvió a restablecer la Academia de Medicina, encargada de las propuestas de nombramiento de profesores y de los planes de estudio. En este agitado contexto se creó la Sociedad Estímulo Médico, de corta existencia, la cual fue sucedida por el Círculo Médico Argentino, fundado en 1875.[13]

---

[11] Esta lectura tiene su origen en la conferencia dictada durante el Simposio Internacional "Science and Culture in Latin America. Transmission, Circulation, Exchange", en TORCH, Radcliffe Humanities Building, University of Oxford, United Kingdom, 18 de abril de 2015.

[12] Para una perspectiva histórica sobre asociaciones literarias desde sus comienzos en la Argentina, ver el capítulo 5 de *Los proscriptos*, tomo V de Ricardo Rojas y Castagnino.

[13] La Sociedad Científica Argentina surgió en 1872 como producto de las inquietudes de profesores y alumnos del Departamento de Ciencias Exactas de la Universidad de Buenos Aires.

## Sandra Gasparini

La creación de la Academia Argentina de Ciencias y Letras y el Círculo Científico Literario también señalaba una carencia en el ámbito académico aunque, como la Sociedad, parecían la consecuencia lógica de la eficaz iniciativa de la gestión de Sarmiento a principios de esa década. Tanto el Círculo Médico Argentino como la Sociedad Científica Argentina organizaron conferencias y, en el último caso, concursos y "discusiones sobre temas científicos y de actualidad" (Babini, 1986). Para muchas de sus actividades contaron con el apoyo del gobierno provincial y nacional.

En 1891 Martín García Mérou (1862-1905) describió el funcionamiento del Círculo Científico Literario en sus *Recuerdos literarios* como el de un grupo nacido en las aulas del Colegio Nacional de Buenos Aires en el que se disputaban, de modo vehemente, cuestiones como la validez de la lectura de autores clásicos o románticos (1878), la pertinencia de las traducciones, o se compartía la lectura de literatura francesa y alemana (170). Formaciones culturales "mixtas" como el Círculo —cuyo nombre obedece quizás más a las especializaciones de sus integrantes que al carácter de las producciones publicadas en su órgano de difusión, la *Revista Literaria*— convivieron y dialogaron con otras como la Academia Argentina de Ciencias y Letras (1873-79), que se posicionaba contra las lecturas y poéticas "extranjerizantes" de la primera. Su preocupación por la lengua nacional, visible en la elaboración de un *Diccionario de argentinismos* que quedó inconcluso, se conjugaba con la del arte y la ciencia.

A pesar de las polémicas entre estas dos sociedades hubo integrantes compartidos como García Mérou y Eduardo L. Holmberg (1852-1937, una figura vinculada tanto a las ciencias naturales como a la literatura y al periodismo de divulgación), quien, aunque más comprometido con la Academia, redactó, junto con Atanasio Quiroga y Rafael Obligado, los "Principios" a los que debían atenerse los diversos colaboradores de su compendio de voces (Barcia 72). Esta asociación, ficcionalizada de manera explícita en su novela *El tipo más original* (1878-79), fue un ensayo de unión de distintos intereses que terminó proyectándose hacia la década siguiente y condensando, en sus animadas sesiones, muchos de los nudos que tensaron las ficciones contemporáneas e inmediatamente posteriores.

La necesidad de instituciones legitimadoras (que querían estar a la altura de las de las grandes capitales mundiales) hizo de las academias un espacio generador de cruces y de producción en esta década, como ocurrió con las mencionadas y sus pares "puramente" científicas. El uso que hicieron los miembros de ambas tanto de las traducciones como de la literatura europea, a la vez que el interés por la singularidad de la lengua nacional, presente inclusive en los textos de viajes científicos, delineó proyectos literarios como los de Holmberg, Carlos Monsalve (1859-1940) y García Mérou. El carácter endogámico de las asociaciones y academias revela que la década de 1870 constituye un período fundacional del proceso modernizador, donde todas comparten miembros e ideario más o menos comunes.

Numerosas ficciones escritas en Buenos Aires en este período tuvieron como punto de partida las academias científicas. Por nombrar solo un caso, Julio Verne, cuyos folletines se publicaban en ese momento en la ciudad, las ubica ya en las páginas iniciales de *Cinco semanas en globo*, la primera de sus novelas de la serie de los *Viajes extraordinarios*.[14]

La escena, muchas veces representada, del especialista disertando frente a un auditorio repleto articula en estas ficciones la antinomia corporativismo/divulgación. Las asimetrías entre la nueva generación que sale de las aulas de la Universidad de Buenos Aires en la década de 1870 y sus antiguos maestros aparece dramatizada, en algunas fantasías científicas contemporáneas, en el incómodo vínculo que establecen los jóvenes ayudantes de científicos con los ancianos "doctores" o "profesores" que luchan por no perder su legitimidad.

## El café, la fonda, la quinta, la oficina, el aula

Algunos autores (Barcia 31) le adjudican al Círculo una corta vida, que va de mayo de 1878 a diciembre de 1879.[15] Carlos Monsalve, Benigno B. Lugones (1857-1884), Rodolfo Araujo Muñoz, Adolfo Moutier (1858-1911), Adolfo Mitre (1859-1884), Eduardo L. Holmberg, José N. Matienzo (1860-1936), Belisario F. Arana son algunos de los nombres de los

---

[14] Jules Verne. *Cinq semaines en ballon. Voyage de découvertes en Afrique par 3 anglais*. Paris: Hachette, 1863. Dos años después, Henri de Parville, novelista y divulgador francés del mismo período, publicado habitualmente en la prensa de la década en Buenos Aires, sitúa la discusión central sobre los restos mortales de un marciano que cae a la Tierra en una academia en cuyas sesiones se discuten las características y posible hábitat de la criatura. Ver Henri de Parville. *Un habitant de la planète Mars* y "Derivas del planeta rojo y del planeta gigante", en este volumen.

[15] El Círculo Científico Literario surgiría como continuación de la Sociedad *Estímulo Literario* (26 de diciembre de 1867- 3 de abril de1873) hasta su disolución en diciembre de 1879. Los miembros fundadores de la Sociedad habían sido Enrique S. Quintana, Adolfo Lamarque, Carlos Molina Arrotea, Jorge E. Mitre, Fernando Centeno e Isidoro Peralta Iramain.

integrantes mencionados por García Mérou que participaron en la *Revista Literaria*.

Los espacios de circulación de los miembros del Círculo Científico Literario coinciden en algunos puntos con el circuito de la Academia Argentina y la Sociedad Bohemia. El "Café Filips", la "Fonda de Benjamín", el "Café de don Pablo" (retratado en "Mi amigo Hermann", de Monsalve, donde se comía *menestrón*) indican el carácter de camaradería de estas reuniones en las que abundaban las bebidas alcohólicas y las comidas generosas.

Otro lugar transitado, opuesto por estar rodeado de un paisaje natural y por propiciar la intimidad y la presencia de mujeres de familias burguesas, fueron las "quintas" de algunos de los miembros del Círculo Científico Literario, como la de A. Navarro Viola (1858 – 1885) en Parque Patricios o la veraniega del "pueblo" de Belgrano de los García Mérou (donde recaló alguna vez la Sociedad Bohemia).[16] Alejadas del centro urbano de entonces, representaban un entorno diferente del bullicioso de la fonda o el café, exclusivo de los hombres y expuesto a otro tipo de sociabilidad. La casa de Julio E. Mitre también funcionó como lugar de reunión.

Menos informales, las reuniones y disertaciones en las aulas del Colegio Nacional de Buenos Aires —de donde provenían la mayoría de estos jóvenes- y las funciones a favor de sociedades de beneficencia o para ayudar a otros poetas convivieron con las tertulias compartidas con otras asociaciones. La redacción de *La Nación* y los locales de las calles Lavalle y Salta constituían espacios más cercanos a la materialidad de la revista y a la producción literaria.

## Bohemios, académicos y sabios

La Sociedad de la *Bohemia*, de la que poco se sabe salvo por las descripciones de García Mérou y de Belisario F. Arana en una crónica ficcional publicada en *La Nación* en 1880, es el síntoma de una nueva sensibilidad: el estado de inseguridad y confusión ante el vértigo de la modernidad (Marún 36). Esta fugaz asociación itinerante ligada a la bohemia francesa funcionó como un modo de expresión del descontento de los artistas (en este caso más bien de los poetas) por el advenimiento de un

---

[16] García Mérou (119) señala la presencia, en las reuniones en la quinta de A. Navarro Viola, de una niña cuya "alma angelical" "hacía gemir y sollozar la cuerdas del [arpa"] y la degustación de dulces hechos por "manos delicadas".

nuevo orden pragmático (Marún 41). Hay dos relatos publicados en la *Revista Literaria* que tematizan esta cuestión: "Mi amigo Hermann", de Monsalve, quien lo volvió a publicar en libro años después, y que tiene un comentario de Benigno B. Lugones en el número siguiente, y "Filarmonoterapia", firmado con seudónimo por Belisario Faustino Arana (*Elías F. Bori*, anagrama de Belisario F., quien escribe para la *Revista* también el ensayo "Y nos acusan" y el relato "Un juramento (Recuerdos de hospital)"). Además, una necrológica sobre el colombiano Juan de Dios Villa Parra, publicada en el primer número, constituye casi un manifiesto sobre la cuestión.

En esa nota del 1° de enero de 1880 Arana describe el nacimiento de la Sociedad *Bohemia*. En ese texto, publicado inmediatamente en folleto de veintidós páginas con el sugestivo título *Juvenilia,* aparecen en clave los seudónimos de algunos integrantes del Círculo Científico Literario como Monsalve (*Pánax)*, Matienzo (*Hermann Beck)*, Oscar Weber[17] y él mismo (*Elías*), junto con otros nombres como *Rodolfo* (Rivarola). García Mérou también fue de la partida luego de la reunión fundadora.[18] La comida es aquí también un lugar de encuentro: se convocaban en el Café *Filip* o en la *Bodega*, que los refugiaba como ejemplares "originales" (García Mérou 239) de corte romántico. Esta crónica muestra lo fluidos que eran los lazos entre asociaciones y, a la vez, lo efímeras que eran algunas de ellas.

No es la ficción, sin embargo, la que mejor define los rasgos del bohemio y de su oxímoron, el académico. Las figuras del bohemio y del académico aparecen construidas casi con rasgos de caricatura, por un lado, en el colombiano Juan de Dios Villa Parra, del que se publica una extensa necrológica sin firma en el primer número de la revista y, por otro, en el porteño Calixto Oyuela, quien tampoco era miembro del Círculo, aunque

---

[17] Pagés Larraya ("Juvenilia" 47) conjetura la posibilidad de que bajo ese nombre se oculte B. B. Lugones. La hipótesis es posiblemente cierta si se tiene en cuenta que Oscar Weber es el personaje-narrador del cuento "Karl Graners", firmado por Benigno B. Lugones en la *Revista Literaria* y publicado en los números 1 y 2, 8 y 15 de junio de 1879, respectivamente. Aparece también en "Mi amigo Hermann" (*Revista Literaria*, 12, 24 de agosto de 1879), de Monsalve, nombrado solo por su apellido y caracterizado como "insigne epicúreo" y estudiante de medicina. García Mérou (234) relaciona la sede y la informalidad de esta asociación con lo que luego se denominará el "Club del Esqueleto", mayormente integrado por estudiantes de Medicina, que luego serán médicos célebres como Ignacio Pirovano y Eduardo Wilde.

[18] Se agregaron además su hermano Enrique, Adolfo y Julio E. Mitre, Joaquín Aguilar, José H. Martínez, Adolfo Moutier, Nolasco Ortiz Viola y Alberto Navarro Viola, entre otros miembros del Círculo. Se reunían en casa de "Eduardo" (tal vez Eduardo Sáenz, según propone Pagés Larraya, "Juvenilia").

es recordado por García Mérou en sus memorias literarias.[19] Pero veamos antes cómo se construyen estas figuras hacia 1880.

## Bohemios y sabios, dos figuras descentradas

Observa Ansolabehere que

> hacia el novecientos, "bohemia" se impone como uno de los términos más utilizados para describir una serie de rasgos que definen la nueva situación del campo literario y artístico porteño, entre las que se destacan la declinación del modelo del "letrado" (figura predominante durante casi todo el siglo XIX argentino y latinoamericano) frente a la preeminencia del "escritor artista" (que Darío representa de manera cabal) y que se reconoce, como dice Ángel Rama, por "la concentración en el orbe privativo de su trabajo: la lengua y la literatura", aunque el lazo con la política no desaparezca y la autonomía del campo artístico y literario al que pertenece sea sólo relativa. ("La vida bohemia" 179)

En el entresiglo los rasgos que definen a una bohemia (a saber, según propone Ansolabehere, "La vida bohemia" 180, "camaradería, desafío de las convenciones, rechazo del 'filisteísmo' burgués y la convicción de pertenecer a un sector social que se distingue por su juventud, su limpia pobreza y, sobre todo, por la decisión de dedicar la vida al arte") incluso protestada por sus protagonistas, Rubén Darío y Manuel Gálvez, tienen una genealogía clara en esta *protobohemia* que circulaba entre las asociaciones literarias y científicas de fines de la década de 1870.

El francés Henry Murger, en su prólogo a *Escenas de la vida bohemia* (publicada en entregas entre 1845 y 1849), ya señalaba claramente la relación entre arte, vida e impulsos tanáticos y vinculaba bohemia y enfermedad: "La Bohemia es el estado de la vida artística; es el prefacio de la Academia, del hospital o del depósito de cadáveres" (Murger 11) y agregaba: "la Bohemia no existe ni es posible más que en París". Aunque nuestros bohemios circulan por Buenos Aires puede afirmarse que recrearon y reescribieron esos itinerarios de poetas hambrientos que huían de las dueñas de las pensiones y de las autoridades policiales y quemaban manuscritos para darse calor en una chimenea. Incluso aplicaron esa premisa vitalista

---

[19] "Necrología. Juan de Dios Villa Parra" (*Revista Literaria*, 1, 15).

a sus cuerpos: murieron jóvenes en su mayoría, asediados por enfermedades respiratorias u otras afecciones fulminantes que les dieron un breve momento de gloria maldita.

Para aproximarnos a la figura literaria del sabio referiré, brevemente, que la fantasía científica argentina fue el complejo producto de una apropiación de procedimientos de escritura, de un trabajo específico con los repertorios de fines de siglo XIX locales y de las metrópolis culturales, de traducciones y de sus recreaciones. El momento de emergencia de estas ficciones se produjo a mediados de la década de 1870 en una Buenos Aires sometida a cambios cada vez más vertiginosos y profundos, en el comienzo de la modernización. El escenario privilegiado en ellas fue la ciudad, con sus ciudadanos y sus instituciones, en un marco histórico que protagonizaron estas sociabilidades que estamos poniendo bajo la lupa. El uso conveniente de ese espacio urbano, fuertemente politizado, afianzó el vínculo de las fantasías científicas con la utopía, uno de los diversos géneros en los que este género se intersectó, además del "fantástico psíquico", la novela de anticipación, la divulgación científica y la ciencia ficción finisecular (Gasparini, *Espectros de la ciencia* 32).

Ya se ha dicho que la modernidad se propuso como una ruptura con el carácter ejemplar del pasado e intentó imponer un nuevo orden que debía liderar un hombre nuevo. Lo que resulta singular, teniendo en cuenta el breve desarrollo de un género como la fantasía científica en la década de 1870, es la capacidad que tuvo para formular modelos posibles de sujetos competentes para construir la nación que se está proyectando hacia el decenio siguiente. El perfil de estos nuevos actores de la modernidad es trazado de manera furtiva por estas ficciones, a través del uso de la ironía, el grotesco y la hipérbole. Desde el periodismo y la literatura, donde emergen y se transforman diversos géneros, se fantasea con el carácter modélico y social de esos personajes: el nuevo naturalista, el nuevo médico, el nuevo *reporter*, el nuevo viajero y el inventor. Esta postulación implicará reformulaciones que jugarán a interactuar con los sujetos reales representantes del antiguo orden que se quiere modificar.

En esa serie se destaca la figura del "sabio" –casi siempre fáustico– como máxima condensación de las posibilidades de cambio. El ayudante, "aprendiz" o "subalterno del naturalista", como lo denominan algunas ficciones escritas por Holmberg, cobra entonces en las fantasías científicas una importancia hasta entonces inusitada. Es una figura que tiene su referente histórico en los ayudantes y guías locales contratados por científicos de renombre (Darwin, por ejemplo, los incorpora en su diario de viaje) y se convierte en el portador de una mirada entre inexperta y desconfiada de las prácticas y el saber de esos sabios o "profesores": será su contraparte y hasta su rival en algunas ocasiones.

En "De un mundo a otro", de Monsalve, publicado en la *Revista*, cobra protagonismo un sabio –en este caso un zoólogo- cuya sabiduría aparece sospechada de locura.[20] La excentricidad, la desconexión de la vida cotidiana y la pedantería -combinación negativa ya observada anteriormente en ficciones de Holmberg- son también rasgos del Dr. Pánax que aquí se acumulan para construir una parodia instalada en un estereotipo humorístico. En esta notable y temprana lectura crítica de la fantasía científica en clave irónica no faltan ni los naturalistas ni sus ayudantes. Algunos de los recursos del *roman scientifique,* las utopías siderales y las ficciones prehistóricas cuya lectura, como lo demuestra este texto, era ya habitual entre letrados que además compartían intereses estéticos comunes, son también objeto de parodia.[21] "De un mundo a otro" propone a su lector ideal una complicidad que solo puede establecerse a partir de una lista de lecturas compartidas y, eventualmente, de su discusión en ámbitos específicos como las asociaciones literarias y científicas. Como puede verse, en el Círculo Científico Literario y su publicación oficial, la *Revista Literaria*, se cimentan las líneas estéticas que configurarán el mapa literario de las dos décadas siguientes. En ese conglomerado que representa el proceso modernizador bohemios y sabios están corridos del centro y esa sensación puede leerse en las representaciones literarias de la *Revista*.

Volvamos a la oposición articulada en la publicación periódica: bohemios contra académicos. Juan de Dios Villa Parra, que representa a los primeros, comparte elementos propios de algunos retratos de sabios excéntricos que circulan en ficciones publicadas por esos años, aunque privado de laboratorio o morada fija: recuerda al Grifritz de *Dos partidos en lucha* (1875) y al Burbullus de *El tipo más original*, ambas novelas de Holmberg. Es básicamente "adoptado" por el Círculo: se lo aloja en las casas de sus integrantes, se le invitan comidas, se le paga una cama en el Hospital

---

[20] Las fechas de publicación son 6 de julio, 13 de junio, 17 y 31 de agosto de 1879, números 5, 6, 11 y 13, respectivamente. Se reeditó en el siglo XIX, con leves modificaciones (Marún), en Monsalve, Carlos. *Páginas literarias*. Buenos Aires: Imprenta de Ostwald y Martínez, 1881 y en Monsalve, Carlos. *Juvenilia*. Buenos Aires: El Diario, 1884.

[21] Monsalve recupera, en efecto, en clave paródica, la temática del género conocido como "ficción prehistórica", que comenzó a conocerse en Europa a fines de la década de 1850 pero fue popular al concluir el siglo. El Dr. Pánax y su ayudante comparten un "banquete fósil" de carne de mamut y vino hallado en un cántaro de las ruinas de Pompeya (Gasparini, *Espectros de la ciencia* 239).

Italiano hasta su muerte. No es el Matías Behety de la *Juvenilia* (1884) de Miguel Cané, condiscípulo caído ("absorbido" 15) por la "bohemia" y el alcohol, porque Villa Parra es perfilado como un vagabundo que hace otro viaje, distinto del de los 80, el del poeta "peregrino" en diáspora por las grandes capitales. García Mérou intenta reconstruir sus orígenes cuando él mismo reside en Colombia (como secretario de Cané, justamente) pero prefiere callar.[22] Enfermo de tisis, como Behety, en la necrológica de Villa Parra se condensa el dramático final de "uno de los miembros más distinguidos del Círculo Científico Literario": "'mi madre, el progreso' han sido sus últimas palabras, como si hubiera querido unir en ese instante supremo la voz del sentimiento a la voz de la razón" (*Revista Literaria*, 1, 15). Aunque García Mérou (199) registra en sus *Recuerdos* solamente la palabra "madre", cambiando radicalmente la carga semántica e ideológica de la despedida, la escena parece dar un paso hacia el repertorio de las letras de tango a la vez que colocar una nota de ambigüedad sobre la consigna positivista liberal de la década entrante. Una nueva sensibilidad se forma y sus ingredientes son tisis+madre ausente+sociabilidad bohemia. Cabe recordar que la letra de "A mi madre (Con los amigos)", tango que popularizó Carlos Gardel, fue un poema del venezolano Sebastián A. Robles escrito en 1893 y erróneamente atribuido por años a Almafuerte (Pedro B. Palacios).

A esta figura, asociada a la oralidad y a la improductividad del saber, García Mérou opone la del letrado burgués, Calixto Oyuela (1857-1935): "Tuvo, antes que otros, el reposo y la madurez del juicio que sólo se adquiere con los años y los contrastes de la vida" (203). Representa, además y no casualmente, el "clasicismo" que gran parte del Círculo Científico Literario repudiaba. Su "amor al trabajo", que parece un comentario irónico en boca de un García Mérou que acaba de lamentarse por los jóvenes malogrados, junto con la "corrección de sus versos" trazan una oposición con la bohemia que había cruzado el Círculo.[23]

---

[22] Sobre el poema *El borracho* (1887), de Joaquín Castellanos, inspirado en la figura de Matías Behety y las relaciones entre bohemia, ebriedad y barbarie establecidas por la cultura letrada rioplatense hacia fines del siglo XIX ver Sergio Pastormerlo. "¿Usted está borracho o temulento?". Ver, también, Jorge B. Rivera, "Prólogo".

[23] *Estudios y artículos literarios* (1887), de Calixto Oyuela, es una colección temprana de ensayos críticos.

## Bohemios de cuento

> "Llevábamos esa vida bohemia azarosa y pintoresca a la vez, en que la misma incertidumbre de lo que será el día venidero encierra el irresistible encanto de lo desconocido" Carlos Monsalve, "Mi amigo Hermann".

"Mi amigo Hermann" (*Revista Literaria*, 12, 17 de agosto de 1879) relata la última noche del bohemio Hermann, de dieciocho años, rodeado de sus amigos, quienes esperan escuchar sus palabras mientras enciende su pipa. La escenificación de un acto de lectura y "parodia" de unos versos de François de Malherbe condensa ella sola lo que esta bohemia porteña de fines de la década de 1870 representaba: Hermann enciende su pipa con un trozo de papel rasgado de un libro, lo lee antes de quemarlo, lo reconoce y luego lo corrige, parodiándolo: "Et ombre j´ai vécu ce que vivent les ombres/ L´espace d´ une nuit" ( "Y sombra, yo he vivido lo que viven las sombras/El espacio de una noche"). La humorada, deslizada en la transformación de "Consolation à monsieur du Périer", del poeta francés, es una declaración de principios que pone en primer plano la fugacidad e improductividad de la existencia bohemia, refrendada por la repentina y prematura muerte de Hermann, quien no puede concluir siquiera la frase que estaba pronunciando frente a sus "compañeros".[24] Su discurso se interrumpe con la muerte, que comprueba clínicamente Weber, estudiante de medicina, minutos después.

En el n° 15, B. B. Lugones publica un extenso comentario sobre el cuento de Monsalve, que por entonces contaba solo veinte años.[25] En él pretende dejar en claro que el Hermann ficcional tiene su correlato en un "tipo real y existente; [quien] no ha muerto ni súbita ni lentamente para la vida, pero ha muerto para la gloria, alejado por la mano fatal de una necesidad". Este "Byron" de las pampas, al que las obligaciones de la economía pecuaria familiar han obligado a transformarse en "estanciero" y cuyo nombre no quiere revelarse pues es bien conocido por el pequeño

---

[24] François de Malherbe (Caen?, 1555 - París, 1628) fue poeta y traductor. Los versos que parodia Hermann son: "Mais elle était du monde, où les plus belles choses/Ont le pire destin,/Et rose elle a vécu ce que vivent les roses,/ L'espace d'un matin" ("Consolation à monsieur du Périer, gentilhomme d'Aix en Provence, sur la mort de sa fille", 1598).

[25] B. B. Lugones, "'Mi amigo Hermann', por Carlos Monsalve". *Revista Literaria*, n° 15, 14 de setiembre de 1879.

círculo de cofrades, funciona como la bisagra perfecta que muestra el circuito de la sociabilidad literaria porteña de fines de 1870. Ficcionalizado en un relato que lo mata simbólicamente para representar una nueva sensibilidad que quiere abrirse paso pero parece ahogarse en el tren del progreso, su modelo empírico sale del circuito urbano, se instala en el campo y al desaparecer del escenario porteño obtura su participación en asociaciones, la producción de poesía o de cualquier actividad vinculada a la esfera de lo "espiritual". Y entonces, simbólicamente, *muere*.

## Bohemia y locura

"No soy un genio, pero no soy un loco"
("Filarmonoterapia", Elías F. Bori)

Hay otro relato que trabaja con este repertorio y lo amplía. Se trata de "Filarmonoterapia (A mi querido amigo Carlos Monsalve)", de Arana, quien tiene veintitrés años entonces.[26] Cuando se refiere a este texto, García Mérou habla, sin nombrarlas, de las fantasías científicas: "Las creaciones de este género estaban de gran moda en aquel tiempo y Arana pagó como todos su tributo a la influencia romántica" (233).

El protagonista, Enrique Villamar, es un estudiante de medicina que quiere aplicar la música a la curación de enfermedades. El narrador, Elías, cuyo nombre coincide con el anagrama que rubrica el cuento, es su amigo, situación de enunciación análoga a otras fantasías científicas ("Filigranas de cera", de Holmberg e "Historia de un paraguas", de Monsalve, son dos ejemplos). Enrique define a la "filarmonoterapia" como "arte de curar las enfermedades por medio de las armonías": casi al comienzo está planteado el tándem arte-ciencia: la música como un arte que cura, que interviene en la salud de los individuos, convirtiéndolos en pacientes.

En una larga disertación frente a su amigo (no hay academia aquí, como en las fantasías científicas de Holmberg) Enrique propone, como antecedentes, la curación chamánica y tribal con hierbas y cánticos a la vez que afirma la necesidad de la especialización, que viene reclamándose en la prensa a través de artículos de divulgación científica y de narraciones

Sí, Elías, aún estamos en incubación, necesitamos especialistas, hombres que traten de llegar al *non plus ultra* de un sistema para que la posteridad pueda un día unir todos aquellos trozos tal vez

---

[26] *Revista Literaria*, 12, 24 de agosto, y 13, 31 de agosto de 1879.

informes y constituir una verdadera ciencia. Es necesario sacrificar el presente para trabajar para el porvenir (*Revista Literaria*, 12, 182).

Genio y locura son dos elementos románticos que nutren la composición no solo del bohemio sino del sabio fáustico que protagoniza muchas fantasías científicas, como habíamos observado en "De un mundo a otro", de Monsalve. Incluso la exposición de Enrique sobre la relación entre genio y locura es muy similar a la que se había leído meses atrás en *El tipo más original*, novela inconclusa de Holmberg publicada en entregas en *El Álbum del Hogar* (1878-1879). Si bien la musicoterapia tiene un lejano origen como práctica no comienza a adquirir un carácter "científico" hasta la segunda mitad del siglo XIX, en España, con el médico Rafael Rodríguez Méndez, cuando se propone el uso de la música como tratamiento terapéutico. En 1882 Francisco Vidal y Careta realiza en Madrid la primera tesis musical que compagina la música y la medicina. En Argentina la creación de la Asociación Argentina de Musicoterapia data de 1966 y los primeros intentos de aplicar terapias propias de esta disciplina, de 1948. Es decir que el nudo contrafáctico planteado por el relato de Arana bordea el ámbito de las pseudociencias, cuyos postulados proponían habitualmente las fantasías científicas en un tono disparatado con el propósito de establecer debates que en las academias todavía no tenían lugar.[27]

¿Cómo se construye aquí esta figura de bohemio y científico fracasado? (Y recordemos que el fracaso en toda empresa valorada por los valores burgueses finiseculares es la contracara del triunfo del arte bohemio pero también es el señalamiento de un desajuste que finalmente desencadena la pérdida de estos jóvenes, que podrían haber sido encarrilados en el tren del progreso). El narrador comienza invocando la originalidad y extravagancia del estudiante de medicina Enrique Villamar; su cabeza es la del "bohemio romántico de cabellos ensortijados que haría las delicias de los frenólogos": ya en la primera línea se unen bohemia, vida de artista y pseudociencia. Partidario de las "teorías extravagantes de las escuelas alemanas", su aspecto físico y psiquis se complementan, una reflejo de la otra.

---

[27] Las pseudociencias o paraciencias y las ciencias ocultas significaron, en la cultura urbana decimonónica, un asedio al conocimiento científico legitimado académicamente en el momento en que su embate contra el "mundo espiritual" era más fuerte. La frenología, la psicopatología, el mesmerismo, por nombrar solo algunas, y por otra parte, la creciente difusión de las doctrinas teosófica y espiritista (Gasparini, *Espectros de la ciencia* 59).

Las dos pasiones de Enrique son la medicina y la música: "Mis sueños dorados, decía: con la una aliviaré los dolores agenos, la otra endulzará los mios" (ortografía original, *Revista Literaria*, 180). De todos modos el narrador se encarga de coartar toda esperanza advirtiendo que esas ilusiones no tendrán realización alguna en el plano de la realidad. Por unos cuatro meses Enrique cae en una especie de obnubilación o ensueño creativo que lo tiene abstraído hasta que despierta: ahí manifiesta que sabe lo que busca y es un violín, para ejercer la medicina con él. Esto hace que el narrador (tildado de "calavera" y despilfarrador de dinero por Villamar) se pregunte si su amigo está loco.

Todas las prácticas de Villamar rozan las de los científicos, aunque sean solo una parodia, una mímica de ellas. La dueña de la pensión donde se alojan se queja de ese estilo de vida: el violín de Enrique, los aullidos del perro, mezcla de experimento y vida bohemia, de artista y científico aparecen unidos por el barniz de la locura. La mujer dice que en el barrio circula la "colerina" (enfermedad parecida al cólera) "pero para mí –agrega- es el maldito violín de don Enrique". La vinculación entre música y enfermedad –aunque en un signo opuesto al que propone Villamar- por parte de esta voz del "saber popular" construye el sesgo irónico que va desarrollando el narrador a lo largo de todo el relato.

En esta parodia de artista y científico loco Enrique verbaliza los pasos del método experimental y los acerca, como ocurre en algunas fantasías científicas, al ensueño creador: "Corro tras un fantasma encantador -le confiesa a Elías- y hoy que voy a alcanzarlo quieres que me detenga". Enrique se refiere a su teoría, que plantea como fantasma, como quimera, aunque quiere acercarla al método científico: menciona los antecedentes, el proceso creador, la investigación propiamente dicha y la prueba de la hipótesis (que efectivamente se cumple pero en el sentido contrario: su música no cura sino que enferma). Se juega hasta el sentimiento patriótico en ese proyecto: "amor, patria, gloria, sueños están aquí, en esta caja, en el alma de este viejo Stradivarius" (*Revista Literaria* 185). Tras la partida de Elías a raíz de una discusión confusa en la que Enrique cree que quiere destruir su violín, el atribulado bohemio permanecerá sentado en su escritorio "con los ojos inyectados, las narinas anhelantes, parecía un poeta bajo el dominio de la inspiración satánica" (*Revista Literaria* 186). La superposición del científico loco con el poeta maldito se consuma en esta escena. Tres años después de este enfrentamiento, donde finalmente decide no suicidarse para comprobar su teoría, Elías vuelve a encontrarlo en una taberna, una "fonda" donde circulan "sacerdotisas de Venus". Enrique está acompañado por unos músicos, que lucen como mendigos, debido a su "situación pecuniaria" y se le presenta a Elías como una "aparición" que le señala la culpa de haberlo abandonado. Entonces relata su pasado en ese lapso: "La alcornoque de la vieja [de la pensión en la que vivían] se puso furiosa, me acusó al Comisario, y éste, que no entendía un pito de ciencias, me prohibió bajo pena de multa que siguiera *produciendo escándalos*" (cursivas del original, *Revista Literaria*, 13 202). Cuando sale de la cárcel, en la que permanece por un tiempo, arma una "sociedad" de "tocadores" ambulantes, a la que rebautiza *concertistas*, con otros dos vagabundos ("Luigi, Pepin y Cia"), que podría leerse como el reverso de las sociedades de hombres ilustres de la década de 1870.

El relato de la vida de artista y de proyecto de científico culmina en apreciaciones que señalan tanto el intento de control estatal como el repudio popular: "cuánto hubiera aprovechado esa noche [en la que lo llevan preso por ruidos molestos] si en vez de estudiar música medicinal hubiese estudiado astronomía" (*Revista Literaria* 203). Los saberes "útiles" al proceso modernizador pueden ser capitalizados, contabilizados a favor de la organización de la Nación (recordemos la creación de un observatorio astronómico durante esa década). En cambio, estos desechos de las hipótesis no comprobadas —suceso empírico que en "Filarmonoterapia" aparece parodiado y ridiculizado en esos sonidos inarmónicos y desafinados que producen Villamar y su "orquesta"- solo son usados como fuerza de choque para que los comensales de las fondas y bares se retiren rápido una vez que terminaron sus comidas. Es decir, solo son un ruido que no hará sistema.

La abundancia o falta de alimento es el factor diferencial entre el filisteo burgués -vinculado a los mecanismos de control de la población, que son representados en muchas fantasías científicas por la policía y los alienistas y sus instituciones-, que come en demasía y despilfarra el dinero, de un lado, y los famélicos estudiantes de diversas ciencias y los artistas, del otro.[28] Es que la fonda donde recala Elías es el "último refugio de los artistas sin trabajo, de los calaveras arruinados, de los estudiantes pobres, en fin, de toda esa gente cuyo almuerzo del día siguiente es un problema de difícil solución" (*Revista Literaria* 201). Pero no debemos olvidar que la sociabilidad propia del Círculo estaba marcada por los grandes banquetes, el derroche y el escándalo. De modo que las prácticas empíricas de estas

---

[28] Para un análisis de la relación entre dinero y bohemia ver Alejandra Laera, "El escritor ante el dinero".

asociaciones colocan en sus representaciones literarias un velo de distancia que propone un tiempo histórico mayor entre los sucesos representados y la fecha de publicación. El efecto creado es similar al ensayado por Cané en su *Juvenilia*: quien habla no es un hombre maduro y experimentado en las vicisitudes de la vida académica y diplomática, como quiere hacer creer a sus lectores, sino un reconocido letrado de unos treinta y tres años. Los años de "bohemia" que los integrantes del Círculo han dejado atrás están a la vuelta de la esquina. Por otra parte, el final del texto de Murger restringe los años de la bohemia a la juventud y hace coincidir sus bordes con los años de aprendizaje del artista.

Se introduce con la cuestión del hambre un problema que retomará la novela naturalista: la relación entre inmigración, pobreza y marginalidad. Enrique termina sus días en el Hospital de San Buenaventura (como Nic Nac en la novela Holmberg, de 1876) y el cuento pone el acento en las consecuencias de la "mala educación": el protagonista abandona la carrera de Medicina por sus alocadas hipótesis no comprobadas; la ausencia de madre y de cariño familiar lo han marcado. No es la herencia sino el medio el que lo condiciona a la locura y al abandono. A un paso del naturalismo, a caballo de la fantasía científica, "Filarmonoterapia" no ahonda en ninguno de ambos pero lleva al extremo, fundiéndolas, la figura del artista malogrado y del científico loco.

El cuento introduce además otro tema que recorre las publicaciones periódicas de entonces, el suicidio, evidente marca de la lectura de Schopenhauer y Musset. Enrique dice, para justificarse frente a las reconvenciones de su amigo y compañero de cuarto, harto de los experimentos realizados con un violín desafinado, que "cobardes son los que se *matan por hastío*, miserables estúpidos que creen que ellos solos constituyen la humanidad!" (*Revista Literaria*, 12 185). La ciencia "sensacional" -la de las crónicas de "maravillas científicas" que abundarán en la prensa de la década entrante-, acusada y censurada por la fuerza pública, se observa en disputa con la ciencia oficial.

La vida bohemia del estudiante de medicina y del artista se confunden en ese umbral de la modernización que son los fines de la década de 1870. El problema de Enrique será, como en "El hombre de la levita gris" (1887), cuento de Carlos Olivera, la monomanía, la obsesión: las patologías mentales comienzan a inquietar a los alienistas porteños. Villamar, como se dijo, terminará internado en el Hospital San Buenaventura -hoy Hospital Interdisciplinario Psicoasistencial José T. Borda- y la historia se verosimiliza al citar la ficha de entrada a la institución psiquiátrica en 1870.

Es significativo el interés de buena parte de la narrativa de los 80 por las enfermedades "mentales", pulsión que persiste en el ensayo (Ramos Mejía, Ingenieros) hasta las primeras décadas del siglo XX. José M. Ramos Mejía fue el profesor titular de la primera cátedra de "Enfermedades Nerviosas" de la Facultad de Medicina de la Universidad de Buenos Aires en 1887. Entre los temas de su programa se encontraban algunos vinculados a la Neurología, como la corea, la epilepsia o la enfermedad de Parkinson y la histeria. La presunción que otorgaba a la locura un origen genético fue sin dudas una prolífica matriz narrativa que puede incluso rastrearse hasta en *La ciudad de los locos; aventuras de Tartarín Moreira* (1911) de Juan José de Soiza Reilly.

Artistas y científicos: lo fáustico es el roce con la muerte, con la locura, que parece alcanzar proporciones epidémicas como lo habían hecho el cólera y la fiebre amarilla en esa década. La modernidad aproxima a ese umbral a sus actores, a la vez que la experimentación propia del arte comparte sus métodos con los modos de la ciencia. La incomprensión del burgués/filisteo se representa en la propietaria y en la ley y luego en el máximo símbolo del control: el hospital psiquiátrico (Vezzetti, *La locura en la Argentina*).

Retomando a Foucault (303), "los controles de normalidad" en la década de 1870 en Buenos Aires comienzan a estar fuertemente enmarcados por una medicina o una psiquiatría que les garantizan una forma de "cientificidad" y, a su vez, se apoyan en un aparato judicial que, de manera directa o indirecta, les confiere su garantía legal. Es el poder que actúa sobre la vida, un tipo de tecnología de poder que trabaja con la población como problema biológico y como problema de poder, un poder de regulación que hace vivir y deja morir. El higienismo crece como doctrina y política: sobreviene una medicina diferente, que derivará en un "complejo sistema de vigilancia social centrado en la acumulación permanente de información y la inspección ordenada de espacios y cuerpos" (Nouzeilles, *Ficciones somáticas* 38). En los años siguientes, los higienistas argentinos, médicos en su mayoría, pusieron en el centro de su actividad a la bacteriología con el objetivo de sanear las ciudades que crecían rápidamente hacia fines del siglo XIX (Armus 511). En "Filarmonoterapia" el estado febril de la creatividad y el proceso investigativo se plantean como enfermedad y aparecen condenados tanto por la sospecha popular como por la psiquiatría. El tono irónico del narrador orienta ideológicamente el relato hacia una evaluación entre indulgente y negativa de esta deriva bohemia que compromete el descontrol del cuerpo y la falta de normas que encaucen el talento en función del progreso modernizador. No obstante hay una ambigua celebración solapada de esa vida de estudiante, de esa disipación, de esa ingenuidad de la vida de artista desligada de todo contacto con la realidad burguesa –tematizada más adelante por Rubén Darío en "El rey burgués" (1888).

## Juventud, divino tesoro

Según la leyenda literaria, las últimas palabras de Henry Murger antes de morir, en 1861, fueron: "¡Basta de música! ¡Basta de ruido! ¡Basta de bohemia!". Eso parece leerse en las entrelíneas de estos cuentos: el juvenilismo de estos jóvenes que se construyen como viejos que quieren dejar atrás el desorden de la vida bohemia aunque echando un último vistazo nostálgico. Muchos de estos narradores no escribieron mucho más –hecha la excepción de Holmberg-, sea por su muerte temprana o por su actividad parlamentaria que absorbió toda su atención, como será en el caso de Monsalve luego de los 80s. Estos relatos exhiben las marcas del umbral de la década de 1880 en una Argentina sometida a un lento proceso de modernización que ha comenzado a acelerarse y que dialoga y discute con la cultura y ciencia europeas a través de sus textos. En el fugaz brillo de la *Revista literaria* se constata, efectivamente, el ensayo de formas, géneros y sensibilidades que comenzarán a solidificarse en la década siguiente.

## Mujeres que aterran: magnetizadoras, asesinas y hechiceras en los umbrales de los géneros modernos[29]

La fantasía científica argentina fue edificándose en los relatos fantásticos o en los recodos de narraciones realistas que insinuaban su propia "inseguridad", como ha preferido caracterizarlos Marcelo Cohen (*¡Realmente fantástico!*). Antes de su emergencia, algunos cuentos de Juana Manuela Gorriti reescriben tópicos de la literatura gótica y romántica europea y proponen muy tempranamente temas que se reelaborarán a partir de 1870, período decisivo para este género. Instalan el protagonismo femenino que esas estéticas habían construido imprimiéndole la particularidad de las luchas políticas de Sudamérica y comienzan a apropiarse sigilosamente del repertorio de las ficciones cientificistas que llegarán años más tarde.

El camino recorrido por el primitivo "magnetismo animal" practicado por Franz Mesmer (1774) hasta llegar al comienzo de las lecciones de Jean-Martin Charcot en la Salpetrière (1882) impregnó buena parte de los conflictos narrativos de los relatos fantásticos del siglo XIX. Los de Gorriti presentan a las mujeres como subjetividades atravesadas por una sensibilidad extrema que les permite acceder a otras realidades y conectarse con otros saberes (que usan eventualmente para dominar a los hombres) y volverse peligrosas.

La elección temática de Gorriti no es un gesto aislado en la incipiente tradición literaria argentina ni en el horizonte ideológico de las grandes capitales europeas o americanas.[30] Los fenómenos psíquicos que anudan estas tramas tendrán su variante patológica en la compleja construcción de la asesina serial Clara/Antonio Lapas, de "La bolsa de huesos" (1896) de Eduardo L. Holmberg, quien trabajaba simultáneamente sobre el efecto de la sugestión y la telepatía en otras dos mujeres ("Nelly" e Isabel, de "La casa endiablada", publicados el mismo año). Clara toca los extremos del saber científico y de la simulación al aprovechar oportunamente sus conocimientos de medicina y travestirse para persuadir a otros jóvenes con el objeto de vengarse.

---

[29] Esta lectura surge de la ampliación de una primera versión reducida, "Dos mujeres que aterran: magnetizadoras y asesinas en los umbrales de dos géneros modernos", expuesta en las *IV Jornadas de Reflexión: Monstruos y Monstruosidades 2010*, organizadas por el Instituto de Estudios Interdisciplinarios de Género de la U.B.A, con sede en el Museo Roca, Ciudad Autónoma de Buenos Aires, 21, 22 y 23 de octubre de 2010.

[30] Ver "El terror como enfermedad"..., en este mismo volumen.

Situada entre ambos, Raimunda Torres y Quiroga, con el seudónimo de Matilde Elena Wili escribió en la prensa porteña entre 1876 y 1884 y recopiló la mayor parte de sus publicaciones en *Entretenimientos literarios* (1884) para luego desaparecer misteriosamente de la escena cultural.[31] Hizo públicos sus escritos sobre la emancipación de la mujer y sus ficciones fantásticas con distintos seudónimos, práctica femenina muy común en el siglo XIX. Manchas de sangre, gusanos, cabezas seccionadas, espectros que claman venganza suelen formar parte del repertorio que manejan los relatos fantásticos y de horror de Raimunda Torres y Quiroga.[32]

Hay tres relatos de estos autores en los que el cientificismo impregna algunas prácticas de los personajes femeninos y les permite controlar su entorno con distintas consecuencias: "Quien escucha su mal oye (confidencia de una confidencia)" (1865) de Gorriti, "La bolsa de huesos", de Holmberg, y "Eroteida", de Torres y Quiroga. En los umbrales argentinos de la fantasía científica el primero, del policial el segundo, y del relato de horror el tercero, proponen que los usos femeninos de saberes que circulan en academias y sociabilidades tradicionalmente masculinas pueden tener derivas peligrosas tanto para quienes los manipulan como para quienes se relacionan con las protagonistas. Pueden convertir a las mujeres en *monstruos* capaces de subvertir, aunque momentáneamente, el orden patriarcal.

## Conspiradores y magnetizadoras

En una escena admirablemente escrita de "Quien escucha su mal

---

[31] Wili, Matilde Elena. *Entretenimientos literarios*. Buenos Aires: Imprenta Colón, 1884. Abraham (Torres y Quiroga 11-12) señala que "contenía, corregidas y ampliadas, la mayor parte de las contribuciones periodísticas de la autora. También incluía algunos textos inéditos. Estaba dividido en cuatro secciones: "Fantasías", compuesta por los relatos fantásticos...; "Retratos de brocha gorda", con piezas costumbristas y satíricas; "Misceláneas", auténtico cajón de sastre que incluye artículos sobre literatura, relatos amatorios y recuerdos de viaje; y "Páginas celestes", integrada por poemas en prosa".

[32] No es posible encontrar todavía datos de la autora, más allá de su militancia periodística por la emancipación de la mujer y su amistad pública con varias periodistas y escritoras entre la segunda mitad de la década de 1870 y los primeros 80. Abraham (*La literatura fantástica argentina*, 300) cita una presentación biográfica de Josefina Pelliza de Sagasta (1848-1888) de 1880 por la que se podría suponer que en ese momento Torres y Quiroga tendría veinte años. El mismo investigador fue quien advirtió por primera vez la coincidencia identitaria entre Torres y Quiroga y Wili (Abraham, "Raimunda Torres y Quiroga: Precursora").

oye. Confidencia de una confidencia", relato que Gorriti escribió en Lima y publicó en Buenos Aires en 1865 (*Sueños y realidades*), un conspirador escucha voces en la habitación contigua a la que está refugiado. Logra espiar, por un agujero -con ayuda de un criado que ha construido el pasadizo entre la casa y un edificio que antiguamente ha sido convento-, a la dueña de la voz que lo seduce: una bella y "excéntrica" mujer a la que atisba entre cortinas blancas, flores y el perfume de un sahumerio. Pero algo parece desentonar:

> La biblioteca cuya nomenclatura, en la que figuraban los nombre de Andral, Huffeland, Raspail y otros autores, entre cráneos de estudio y grabados anatómicos, habria hecho creer que aquella habitacion pertenecia á un hombre de ciencia, si una simple mirada en torno, no persuadiera de lo contrario" (Gorriti, *Sueños y realidades* 142, ortografía y sintaxis original).

Al voyeurismo inicial del "curioso" se añade, entonces, la contemplación de una fabulosa escena: la mujer someterá a una hipnosis profunda a un hombre quien, por comunicación telepática, le brindará información sobre un amor que ella descubre no correspondido, justamente, en ese mismo momento. La frente del hombre "habría preocupado mucho a un observador frenólogo"; sin embargo, lo más inquietante es que el nombre de la "ciencia" que invoca la que hubiese sido confundida con "una maga celebrando los misterios de un culto desconocido" jamás será revelado en el relato. Los lectores podrán estar al tanto de quiénes son estos personajes históricos contemporáneos a la publicación (un precursor de la hematología, un divulgador del magnetismo y un químico francés conspirador) o permanecer ignorando la respuesta.[33]

Y si generalmente en la narrativa de Gorriti vida privada, ficción y política se entrecruzan, en lo particular, sus relatos fantásticos, impregnados del gusto gótico y romántico por lo tenebroso, las pasiones amorosas truncas y las prácticas políticas opositoras, se presentan como un proyecto original y temprano de las fantasías científicas de los 70. En este sentido

---

[33] El narrador del relato enmarcado se pregunta: "Cuál era esa ciencia de que hablaba y qué le habían revelado sus arcanos?" (Gorriti, *Sueños y realidades* 144). Como la "confidencia" del hombre -generadora del relato- queda trunca, la respuesta no se revela en el plano de la peripecia, pero las prácticas del magnetismo y de la hipnosis quedan fuertemente sugeridas por los autores mencionados y los sucesos narrados.

es sugestivo que la publicación, en 1865, de *Sueños y realidades*, volumen donde apareció "Quien escucha", se entrecruce con el asesinato, ese mismo año, de Isidoro Belzú (1808-1865), entonces presidente de Bolivia y ex esposo de Gorriti, quien se había alejado de él dos décadas atrás. La escritora, de paso por tierras bolivianas para visitar a sus hijas, se hace cargo no solo del funeral de Belzú, sino que participa de la fallida conspiración y el enfrentamiento contra quien intentaba suplantarlo. Es significativa la condición de "proscripta" que había pesado desde temprana edad sobre Gorriti y sobre toda su familia. Remarco el motivo de la "proscripción" y de las luchas revolucionarias porque en "Quien escucha" el protagonista del relato enmarcado es, precisamente, un conspirador casi compulsivo, alguien que opera desde la clandestinidad y cuyo accionar en la trama narrativa decide la inconclusión de la fábula, ya que de Perú pasa a Chile y luego a Europa, participando de diversos procesos revolucionarios hasta perderse de la vista de la narradora del relato marco. El marco del relato lo constituye la narración que una mujer hace a su silenciosa interlocutora, Cristina, cuyo nombre coincide con el de la dedicatoria ("A la señorita Cristina Bustamante", que coincide, a su vez, con el de una amiga de la autora: se riza el rizo). Lo que le cuenta es, precisamente, la "confidencia" de un hombre –el proscripto- que se "extravió" y del cual no es posible encontrar rastros.

En la construcción del narrador del relato enmarcado subyacen los retazos autobiográficos de Gorriti disfrazados en la voz de un varón. Es él quien espía a la mujer magnetizadora (cuyo secreto no sabemos si logra descifrar) y es subyugado (al igual que el sujeto mesmerizado) por sus movimientos y voz. En este relato, Gorriti altera los modos constituidos de acceso al saber, fuertemente atravesados en las sociedades latinoamericanas contemporáneas por desiguales relaciones de género, y coloca al varón en el lugar de la contemplación, connotada de pasividad y de arrobamiento irracional (magnetización), pero también en el espacio activo de la lucha revolucionaria.[34]

Gwenhaël Ponnau (50) ha estudiado algunas ficciones decimonónicas francesas que incluye dentro del *fantástico psíquico*, género en el cual

---

[34] En "Legados de guerra", Liliana Zucotti (Iglesia, *El ajuar de la patria* 89) propone una hipótesis que ilumina la escena analizada: "Espiando las habitaciones masculinas, las mujeres logran una acción eficaz (aunque fatal) en el ámbito público; los hombres, en cambio, intentan aprehender una intimidad que se les escapa y acceder a un secreto que se les escabulle".

sueños, visiones y alucinaciones, aliados a imágenes personales de fantasmas obsesivos y de una pretendida objetividad médica crean una forma nueva de explorar el yo. No se trata simplemente de "cuentos de espectros": interviene en estas ficciones un afán por la racionalización del fenómeno. Esta modalidad nueva surgió a la zaga del avance de la neuropsiquiatría y del auge paralelo del espiritismo. Se había comenzado a buscar afanosamente el modo de garantizar la existencia de los fenómenos psíquicos a través de los métodos de las ciencias positivas. Ponnau afirma que en el período comprendido entre 1850 y 1860 en Francia las referencias a las experiencias de sabios como garantía de la veracidad del relato son numerosas.

En algunos relatos de Gorriti comienza a observarse la *connivencia* entre saberes señalada por Ponnau: la contigüidad del dominio psíquico con lo paranormal tiende a conferir un carácter fantástico y a la vez positivo a los hechos "aberrantes". Con el magnetismo y las investigaciones neurológicas sobre la hipnosis, el espiritismo formó un conjunto característico en el marco del eclecticismo de las ciencias psíquicas. Esta permeabilidad estimuló en los escritores franceses e ingleses de literatura fantástica la búsqueda de una forma moderna de lo sobrenatural.

Los relatos que se inspiran en estos hechos insólitos proceden de la cristalización de datos de la ciencia médica y de las experiencias reportadas por el medio espiritista. Esta formulación, que alcanzó a una parte importante de la literatura centroeuropea, funcionó como la matriz de nuevas combinaciones temáticas y formales en la literatura hispanoamericana, por lo que la elección temática de Gorriti no es, en este sentido, un gesto aislado en ese horizonte ideológico. No lo será tampoco, más adelante, su obsesión por la locura (aunque particularmente femenina y política).

"Quien escucha", sin embargo, marca un momento de quiebre en el uso de estos saberes circulantes: no son una nota de color, ni humorística, ni decorativa. Constituyen el centro de la narración, que descubre el origen del poder de la mujer sobre el varón protagonista -la posesión de una "ciencia" que a él le está vedada- colocando, de ese modo, la cuestión de los "fenómenos psíquicos" en primer plano. Coexisten en esta propuesta las dos perspectivas propuestas por Ponnau a propósito del *fantástico psíquico,* ya que la narrativa de Gorriti no se despega totalmente del fantástico moderno: magnetismo, locura o manifestaciones diabólicas conviven en sus relatos en un sustrato de ambigüedad.[35]

Los motivos del pasadizo, la puerta y los espacios subterráneos, característicos del género gótico, son reescritos en "Quien escucha" para connotar, sobre todo, la clandestinidad política pero también la de las pseudociencias. El que conspira, "ve" y "sabe" otras cosas, atraviesa otros espacios, recorre otros itinerarios. El marco del relato del conspirador desliza una historia que luego no retomará: la de los amores furtivos entre una monja del edificio contiguo, que anteriormente funcionara como convento, y el antiguo dueño de la morada que lo cobija.[36] La mujer habría muerto a causa de ese amor sacrílego y la audición de voces femeninas desde el cuarto del conspirador, tal como él lo sugiere, podría indiciar una lectura conectada con lo paranormal que aquí no tiene cauce: se trataría de lo que los espiritistas denominaban entonces "psicofonías". Pero el desarrollo de la trama descubre el origen "mortal" –aunque no menos inquietante- de esas voces. Si el relato parece aprestarse, al principio, a desarrollar una *ghost story*, finalmente deriva en una "psychological (ghost) story", donde el acento está puesto menos en los fantasmas (aquí finalmente ausentes) u otros fenómenos sobrenaturales que sobre la "obsesión psíquica" de los héroes (Ponnau 72).

En tanto reelaboración de la novela gótica y de la estética romántica, los relatos fantásticos de Gorriti presentan a las mujeres como subjetividades atravesadas por una sensibilidad extrema que les permite acceder a otras realidades y conectarse con saberes contrahegemónicos que usan eventualmente para dominar a los hombres y volverse peligrosas.[37]

## Travestismo e hipnosis: indicios de un malestar

Como ya se observó, el narrador confidente relata rápidamente el objeto de una confusión: los libros y sus títulos, que entrevé desde su escondite en la casa contigua, "habria[n] hecho creer que aquella habitacion

---

[35] La "versión moderna" y "positiva" de la posesión diabólica o el "encantamiento" serían la "subyugación", la "fascinación" y la hipnosis. Por otra parte, Castro (*El encuentro imposible*) ha estudiado en la literatura argentina el "fantástico ambiguo" entendido como el planteo de dos dominios inconciliables, uno natural y otro sobrenatural, que se enfrentan y coexisten sin que ninguno logre la hegemonía.

[36] "El recurso gótico del secreto familiar funciona a partir de un crimen o violación del pasado que retorna y amenaza la disolución de la familia", propone Seifert (186) a partir de la lectura de "El lucero del manantial".

[37] Ver "El terror como enfermedad", en este mismo volumen.

pertenecía á un hombre de ciencia, si una simple mirada en torno, no persuadiera de lo contrario" (Gorriti, *Sueños y realidades* 142, ortografía original), porque cada detalle de esta "alcoba de una excéntrica" "revelaba el sexo de su dueño". El conspirador, entonces, no se engaña. El poder fascinador que ejerce la voz de la mujer sobre el hombre al que utiliza como médium es el motor del deseo nunca verbalizado del narrador. De algún modo, él también es víctima involuntaria de esa hipnosis a la que lo somete, sin saberlo, la ex-céntrica: esa mujer "extravagante", que está "fuera del centro" o bien que "tiene un centro diferente".[38]

Algo similar parece ocurrir con Clara T., de "La bolsa de huesos", treinta y un años después.[39] Clara, una joven vengadora, inteligente y bella, cuestiona el orden simbólico al violar varios códigos: el de la camaradería masculina, el de la imposibilidad del acceso femenino a la academia, a la ciencia –aunque el autor real, médico, naturalista y profesor, fuera uno de los promotores del ingreso de las mujeres a la universidad- y al invertir la imagen de la mujer, como dadora de vida, en su polo opuesto: asesina.

Pero el perfil de este personaje va más allá de la ambigüedad que confunde inicialmente al conspirador de Gorriti, porque no es solo producto de un efecto de la percepción o de los modos de ver, sino que se trata de un engaño ingeniosamente planeado y llevado a cabo. Clara se oculta detrás de un nombre (Antonio Lapas) y detrás de ropas masculinos. Para vengarse, Clara –cuyo onomástico bautismal se invierte irónicamente al opacar su identidad de género- usa el travestismo no solo como estrategia, sino como síntoma de un malestar que le genera el despecho amoroso. Un hombre la ha dañado afectivamente, de modo que todos los hombres de esas características deben morir para pagar esa culpa. Su ambigüedad, condensada en la mirada, será el anzuelo.

Con "La bolsa de huesos", Holmberg, naturalista, narrador y viajero científico transita un camino poco antes iniciado por Raúl Waleis (anagrama de Luis V. Varela, 1845-1911) en *La huella del crimen*, considerado el primer policial argentino, agregándole los matices aterradores de los asesinatos en serie, de la marginalidad y del médico-investigador cercano a la novela negra del siglo XX. La transgeneridad -condensada no solo en la condición de *crossdresser* de la vengadora, sino en su manejo de

---

[38] La primera acepción de "excéntrico" del *Diccionario de la Real Academia Española* es "de carácter raro, extravagante", y la segunda, perteneciente a la Geometría: "Que está fuera del centro, o que tiene un centro diferente".

[39] Publicado originalmente en 1896 en Buenos Aires por la Compañía Sud-Americana de Billetes de Banco. Sigo la edición de Pagés Larraya (Holmberg, *Cuentos fantásticos*).

un saber académico tradicionalmente masculino- permite a la asesina desplegar una *performance* de seducción y terror que provoca curiosidad y alerta en el narrador. Holmberg, como autor real, parece también magnetizado por un personaje cuyo castigo en la cárcel pide, según se lee en la dedicatoria del relato, Belisario Otamendi, el jefe de la policía de pesquisas de Buenos Aires: Clara ha cobrado carnadura real cuando su creador/narrador la ha obligado a suicidarse.

La magnetizadora, sin embargo, será finalmente magnetizada: el narrador le ordena, con voz imperativa, el fin de la simulación, a lo que ella responde exhibiéndose frente a sus ojos como objeto de deseo masculino con todos los atributos del estereotipo de la mujer sensual. Dos disfraces (de estudiante de medicina, varón, y de *mujer fatal*) le impiden a su ahora magnetizador conocer, mientras ella está viva, el origen de la "neurosis" de Clara: la existencia de un hijo pequeño que crió sola y cuya imagen atesora en un relicario de rubíes.

Según ha observado Severo Sarduy (48), la metáfora más apropiada para representar lo que la escritura compromete es el travestismo: "los planos de intersexualidad son análogos a los planos de intertextualidad que constituyen el objeto literario", afirma. La interacción de "texturas lingüísticas", discursos y parodia *es* la escritura. Cuando se trata de *crossdressing* o travestismo femenino a masculino como el que practica Clara/Antonio, acotado a la circunstancia de "captación" de sus posibles víctimas, la ambigüedad se redobla planteando un juego de máscaras complejo: una mujer se disfraza de hombre para atraer intelectualmente a jóvenes estudiantes y luego, en un íntimo espectáculo transformista, revelar su identidad "verdadera" y transformarlos en esclavos de su pasión, tal como a ella le ha sucedido. Es aquí donde el relato lexicaliza la monstruosidad: Clara es una "Circe", una "sirena", una "medusa" (Nouzeilles, "Políticas médicas" 109). "Friné, vestida, se presentaba sin abogado" (Holmberg, *Cuentos fantásticos* 224), ironiza el médico: la decimonónica hetaira, en este caso no modelo de Praxíteles, será incapaz de convencer al jurado masculino con su desnudez esta vez ("¿me iba a avasallar aquella mujer?"). Tal vez ése es uno de los motivos por los que el narrador la obliga a suicidarse luego de la revelación, para no ceder ante ese objeto de deseo; otro, imponer una condena fuera del ámbito legal y ligada a la economía literaria. En segundo plano queda la tutela masculina que ejercerá sobre el hijo de Clara el señor Equis, quien alquilara una habitación de su casa al misterioso Antonio Lapas. Julia, su esposa, y este hombre *respetable* guardarán las formas que una madre "neurótica", "pobre enferma", no hubiese acatado a pesar de su amor instintivo al niño; corregirán en él, en tanto representantes de la heterosexualidad normativa, el desvío inquietante:

> una circunstancia inesperada le ha convertido en tutor de un precioso niño de grandes ojos negros, aterciopelados, al que una nodriza joven, fuerte y rosada prodiga, de dos en dos horas, el abundante jugo dulce que necesita para vegetar. El niño ya sonríe, y cuando muerde los pezones con el único par de dientes de ratón que asoman en su mandíbula, sonríe también la nodriza, y le distrae con un relicario de rubíes que contiene un retrato del mismo infante. El estado civil de esa criatura lo conoce y reserva el Señor Equis (Holmberg, *Cuentos fantásticos* 234-235)

"En la medida en que la corporalidad es el terreno enigmático por excelencia", propone Cortés Rocca ("El misterio de la cuarta costilla" 69), "se recorta una figura específica que proporciona las respuestas: la figura general del científico y su especificidad en la imagen del médico". El análisis frenológico, la recolección de indicios, como la letra de la asesina en los huesos hallados o su perfume singular, van construyendo el enigma en el cuerpo metamorfoseado de Clara.

Siguiendo a Marjorie Garber, James Pancrazio (49) señala que el travestismo sugiere una crisis cultural en la que las "fronteras de la identidad" (las categorías que definen género, clase social, nacionalidad, raza y sexualidad) se vuelven inestables. Así, "[e]l travestismo aparece en la crisis que surge al cuestionar la capacidad de organizar el espacio cultural" (49). La década de 1890 provoca en muchos narradores nacionales la necesidad de replantearse la cuestión de la nacionalidad, de la lengua y de la identidad, todas preocupaciones presentes en la trilogía ficcional que publica Holmberg en 1896.[40]

Si el *crossdressing* practicado por Clara/Antonio funciona en el texto como "escándalo social" asociado al de los crímenes perpetrados por una

---

[40] "Nelly", "La casa endiablada" y "La bolsa de huesos" fueron publicados en distintos momentos de 1896, aunque pensados, según se lee en la dedicatoria del primero, como una unidad de la que fueron desgajándose los tres. La coincidencia de personajes femeninos con habilidades "extrasensoriales" como Nelly e Isabel o con habilidades intelectuales (peligrosas) que conducen al crimen, como Clara, sumada a la estructura común de *nouvelle*, son algunos de los rasgos compartidos entre los textos. Los tres, además, en mayor o menor medida, ensayan los primeros pasos del policial argentino. He desarrollado esta hipótesis en Gasparini, *Espectros de la ciencia* 152.

mujer, a lo que se suma el agravante de la maternidad, entonces la "interiorización de la ley moral" (Nouzeilles, "Políticas médicas" 109) que la "cura" con la muerte y la "salva" de la "justicia ordinaria" se propone como el escándalo de la "ley escrita", cuya reformulación se pide desde numerosas ficciones de las décadas de 1880 y 90.

## Álgebra y venganza

Los ojos que observan al femicida que intenta -sin éxito- conciliar el sueño en "Eroteida" o la cabeza de la mujer asesinada por su esposo que jura venganza una vez separada del tronco en "La mancha de sangre" elaboran un subtexto denuncialista de la violencia de género que la autora había construido en sus artículos en la prensa y tuvo que moderar hasta llegar al silencio.[41] En "Eroteida" la culpa se materializa en la mirada del espectro que acosa al femicida por las noches. En este relato el asesino asume la primera persona —el monstruo, como en *Frankenstein*, dice *yo*- y cuenta la historia del magnetismo de una mujer bella que excede el estereotipo de la época, como la "maga" de Gorriti: Eroteida estudia álgebra en su "gabinete", tiene un espacio (*cuarto*) propio que dedica a la ciencia. Esta cuestión le resulta atractiva al protagonista, que se convierte en *voyeur* no solo del cuerpo de Eroteida sino de su inteligencia: "Era la hermosura típica de la diosa, bajo la forma hechicera de la mujer" (Torres y Quiroga, *Historias inverosímiles* 85). Se le acerca, en una ocasión, para ver qué lee y en ese mismo acto descubre que se trata de un libro de magia, al tiempo que el rostro de su amada asume un aspecto monstruoso. Entonces, el arrobamiento extático se transforma en odio ("una nube de sangre oscureció

---

[41] Buret (5) propone que el "sorpresivo cambio ideológico que, entre 1878 y 1880, realizó Raymunda Torres y Quiroga respecto de la temática de la emancipación de la mujer coincidió, significativamente, con el comienzo de una producción literaria fantástica caracterizada por la presencia de una secuencia narrativa recurrente: un feminicidio perpetrado por un esposo celoso, seguido de un castigo sobrenatural sobre el asesino. A través de esta escena que se reitera en varias de sus ficciones, la escritora canaliza, desde nuestro punto de vista, su propósito de defender los derechos de las mujeres pues, al poner en escena la violencia marital, denuncia el estado de *vida nuda* (Benjamin 1921; Agamben 2003) en el cual se encuentra la mujer dentro del contrato matrimonial del siglo XIX. Esta interpretación de sus cuentos fantásticos con *feminicidios* es la que permite leer su giro ideológico y su aproximación a la figura de Josefina Pelliza [con quien había polemizado en *La Alborada del Plata* a propósito de la emancipación femenina] no como una *fusión de horizontes*, sino como una *treta del débil*". (Cursivas del original).

mi vista" 86), la locura se apodera de él. Días después, durante una conversación sobre "cuestiones filosóficas", la estrangula cuando es vencido por sus argumentos. La insistencia en el degüello –en otros relatos de la autora- y el estrangulamiento –separar el cerebro del resto del cuerpo, en definitiva- pone en primer plano no solo la obsesión masculina por sostener un falogocentrismo que revela grietas insalvables sino también su interés por conservar un estado anterior al vértigo de la modernización urbana que contagia nuevas ideas y prende la mecha de la emancipación de la mujer (Buret y Vicens). Muertas y enterradas, como Eroteida, estas mujeres son más peligrosas aun que vivas porque privadas de la vida pueden materializarse a través de la culpa de sus asesinos: sus ojos y sus cabezas acusan, se animan, fragmentados, para señalar al femicida. Wili/Torres y Quiroga reescribe, así, en otra clave y con perspectiva de género el motivo de terror de uno de los cuentos más célebres de Poe: "El gato negro", traducido en Buenos Aires un poco antes de 1884.[42] Pero también "El retrato oval", porque en "Eroteida" el protagonista es un artista plástico que se frustra al querer representar la inasible belleza de su amada.[43]

Cavarero ha sugerido a la figura mitológica de la Medusa para señalar el estrecho vínculo del género horror con la visión:

> Medusa, la única hermana mortal entre las Gorgonas. Estratégicamente desplazada por el mito allende el Océano, al espacio de lo extraño y a otro lugar, mucho más repugnante que cualquier otro monstruo, con sus cabellos erizados y serpentinos, ella congela y paraliza. Según la leyenda de Perseo —él, sí, héroe de un helenismo autóctono— su arma mortal es la mirada: indicadora de una afinidad entre horror y visión o, si se quiere, entre una escena inmirable y la repugnancia que suscita. (24)

---

[42] Edgar Poe *Novelas y cuentos*. París: Garnier Hnos, 1884. Traducción de Carlos Olivera. Sobre traducciones de Poe al español en el siglo XIX, ver Andrea Castro. "Edgar A. Poe en castellano y sus reescritores: el caso de 'The Oval Portrait'".

[43] El efecto perturbador que logra la posición del narrador en esta y otras ficciones de Torres y Quiroga en las que un femicida cuenta su crimen en primera persona me remite inevitablemente al efecto de horror que pretenden provocar las letras de la banda estadounidense de *brutal death metal* Cannibal Corpse con canciones como "Stripped, Raped and Strangled", "Fucked with a knife" o "She was asking for it". En ellas, sin embargo, no hay culpa ni castigo alguno, como parece ocurrir en los cuentos de Torres y Quiroga salvo por las líneas finales. Noelia Adamo dedica unos párrafos a hacer una interesante lectura de género de esos temas musicales en "Mujeres metálicas", en Emiliano Scaricaciottoli (comp.).

Los ojos del espectro de Eroteida son los que acusan y acosan al asesino todas las noches y su cuello conserva la marcas violáceas incriminatorias de los dedos de su esposo.

Volvamos a lo que más ofusca al protagonista: descubrir que "sus trabajos algebraicos, que eran su ciencia favorita" no representan la lectura que Eroteida practica con extrema atención cuando él la espía. Al advertir que el texto contiene "caracteres cabalísticos" y se trata de un libro de magia, el narrador se enfurece. La ira masculina se alimenta con el descubrimiento de un poder que no es posible manejar: ya no el de la ciencia matemática, cuyos conocimientos pertenecen a la esfera de poder patriarcal, sino el de las ciencias ocultas, que exceden el mundo de la razón. Solo es cuestión de días para que luego de un intercambio de ideas que la muestran triunfante sobrevenga el golpe final que corte la vida de la "hechicera" por su delicado hilo. La asesina, entonces y la entierra en el jardín, ufano de haber eliminado la ya "aborrecida presencia de Eroteida".

La inadecuación entre el deseo del varón, que quiere adaptar la subjetividad femenina para su beneficio, se adelanta en el epígrafe atribuido a Hoffman ("No: ella no era la realización del ideal que yo soñaba: ella no había hecho más que vestir sus formas para perderme eternamente", Torres y Quiroga, *Historias inverosímiles* 85). Ese uso del cuerpo femenino no admite la independencia; el *ángel de la casa* se transforma en bruja, en "espectro". A la indeterminación esencialista que implica el estereotipo decimonónico de género de la "mujer fatal" se opone en la escena el principio de individuación, por el que Eroteida ya no es puro cuerpo, materia, sino que construye una subjetividad que la empodera a partir de sus lecturas.

La selección onomástica en este relato no debe pasar inadvertida. Tal vez sea útil recordar que Eroteida fue una mártir capadocia en tiempos del emperador romano Diocleciano (284-305 D.C.). Criada de Capitolina, una mujer de alta posición social cuya cabeza fue seccionada con una espada por declararse cristiana ante las autoridades, según cuenta el *Martirologio Romano* en varias de sus reediciones, Eroteida sufrió la misma suerte luego de ser torturada, echada en un horno y decapitada por defenderla, inútilmente, del juez. Lo sobrenatural maravilloso se manifiesta cuando las heridas de Eroteida sanan espontáneamente, cuestión que se explica, en el relato hagiográfico, por no haber dejado de agradecer al dios cristiano (Sanidopoulos). La Eroteida de Torres y Quiroga muere estrangulada por su marido: en ambas historias es un hombre el que termina de manera violenta con las vidas de las mujeres que se rebelan, en ambas son puros cuerpos, aunque en el caso de la mártir no se trate exactamente de un feminicidio. La desprotección de las mujeres frente a la violencia masculina, ya sea por la ira que despiertan sus saberes, supuestas infidelidades conyugales o celos queda realzada en una serie de relatos firmados por Matilde Elena Wili, del cual "Eroteida" es solo una muestra.[44] Si la adoración del asesino se transforma en odio frente a lo que él toma como un desvío de la conducta que una mujer debe observar, el castigo sobrenatural remarca la inexistencia de una legislación adecuada al tiempo que una débil condena social fuertemente sostenida por los lazos patriarcales.

En Wili/Torres y Quiroga hay una tanatopoética que va del gótico al *gore,* cargando en la saturación del procedimiento estético su reclamo contra la violencia masculina. Como en toda ficción gótica, lo amenazante y anormal forma parte indisoluble del yo. A propósito, afirma Hogle

> The Gothic clearly exists, in part, to raise the possibility that all "abnormalities" we would divorce from ourselves are a part of ourselves, deeply and pervasively (hence frighteningly), even while it provides quasi-antiquated methods to help us place such "deviations" at a definite, though haunting, distance from us (12).

Las posiciones subjetivas de la magnetizadora, la asesina serial y la reviniente espectralizada subvierten el orden simbólico, son subjetividades emergentes, complejas aunque no por ello menos ancladas a relaciones de poder que traman las condiciones de producción de cada relato (Braidotti). Lo que aterra de estas mujeres es el peligro que representa para un falogocentrismo que se agrieta lo que ellas *saben.* Ese saber las transforma en *monstruos*: la magnetizadora maneja la mente de un hombre para saber sobre otro, Clara simula ser estudiante de medicina para seducir y matar; Eroteida se venga desde ultratumba.

La excéntrica manipuladora, la asesina y la vengadora espectralizada, ocultas en los códigos de la vestimenta y el saber libresco masculinos, indician, desde "la lógica travesti" que pone de manifiesto el desplazamiento y la sustitución (Garber 37), no solo la presencia de profundas modificaciones en las condiciones de producción de los relatos sino la recreación de un repertorio vinculado a las ficciones cientificistas que con-

---

[44] El feminicidio también aparece como tema en "La mancha de sangre", "Gregorina", "Otto de Witworth", "La voz acusadora" y "El secreto" (Abraham, *Historias inverosímiles*).

virtieron a las mujeres, junto con los inmigrantes, en el centro de las preocupaciones de la psicopatología de fines del siglo XIX.

## Derivas del planeta rojo y del planeta gigante: la fantasía científica y la vida alienígena a fines del siglo XIX[45]

La importancia del planeta Marte en la ficción especulativa del siglo XIX es indiscutible. Ya algunas novelas de Restif De La Bretonne (1734-1806) del entresiglo XVIII-XIX imaginan las costumbres marcianas. Flammarion (1842-1925), el nombre más popular que dio la fusión entre ciencia y espiritismo en el siglo XIX, retomará este tema, en el que combina misticismo con descripción de costumbres (1879-93). Menos célebre, el periodista y divulgador francés Henri de Parville (1838-1909), autor de *Un habitant de la planète Mars* (1865), producto de un *hoax* periodístico armado en 1864, imaginó, dentro del horizonte científico alcanzado por la astronomía contemporánea, el aspecto físico del planeta Marte, la anatomía de sus habitantes y hasta la posibilidad de vida "rudimentaria" o "inferior" en otros planetas del sistema solar.

Dos novelas publicadas en Sudamérica en el último cuarto del siglo XIX, *Viaje maravilloso del Sr. Nic Nac* (1875), de Eduardo L. Holmberg, y *Desde Júpiter, novela orijinal* (sic, 1877), del autor chileno Saint Paul (Francisco Miralles, 1837- ¿?) dialogan con y toman préstamos de algunas novelas planetarias. La apropiación de ciertas estrategias propias de estas ficciones europeas deriva en las latinoamericanas en un uso político de la ficción especulativa: en estos textos pueden leerse los interrogantes que plantearon, en ambos países, la institucionalización de la ciencia y las problemáticas políticas de las etapas de la Organización del Estado en narradores atravesados por una mirada científica, como Holmberg y Miralles.

### Fantasía científica y viajes interestelares

Si hay que buscar una genealogía de la ciencia ficción francesa podemos encontrarla en los "viajes visionarios" de fines del siglo XVIII con las novelas utópicas reimpresas por Garnier (1787-89), interrumpidas por la Revolución. Las novelas en las que aparece representada la vida extraterrestre, como *Micromégas* (1752), de Voltaire, *Relación de Mercurio*, de Chevalier de Béthune (1750), *Viajes de Mylord Céton a los siete planetas* (1765-66), de Marie Anne de Roumier y las *Novelas de la Luna* (1788) de Louis-Sebastien Mércier conformaron un *background* en la construcción de mundos

---

[45] Con algunas modificaciones, esta lectura fue publicada en *Zama. Revista del Instituto de Literatura Hispanoamericana*. Año 8, núm. 8 (2016).

imaginarios y postulados utópicos que, a su vez, recreados por las utopías siderales de la primera mitad del XIX, fueron el punto de partida tanto de la novela planetaria francesa como de la literatura juvenil escrita por Jules Verne (Angenot). Hacia mitad de ese siglo Charlemagne-Ischir Defontenay (1819-1856) publica *Star ou Psi de Cassiopeé* (1854), traducida más de cien años después al castellano como *Los libros starianos* (1977), lectura que se evidencia en *Los mundos imaginarios y los mundos reales* (1864) de Flammarion –donde se ubica a la astronomía moderna en el marco de la metafísica-, mismo año que *Un habitante del planeta Marte*. Este cúmulo de publicaciones de variada importancia para la historia de la literatura de ficción científica provoca un gran impacto en los lectores de algunas ciudades sudamericanas. Me interesan, en particular, el caso de Buenos Aires y de Santiago de Chile, pero también ocurre en Río de Janeiro con figuras como el portugués nacionalizado brasileño Augusto Emílio Zaluar (1826-1882), autor de la novela *O Doutor Benignus* (1875).

1875 es un momento central en la corta historia de la fantasía científica argentina, género complejo producto de una apropiación de procedimientos de escritura, de un trabajo específico con los repertorios de fines de siglo XIX locales y de las metrópolis culturales, de traducciones y de sus recreaciones.[46] Los viajes extraordinarios a tierras desconocidas, que abundaron en la literatura europea en el siglo XIX y sugieren rápidamente los antecedentes de Johannes Kepler, Cyrano de Bergerac o Jonathan Swift, integran, con sus máquinas maravillosas o sucedáneos menos tecnológicos, extensos segmentos de las tramas de estas narraciones. No obstante, esta forma de ficción no abundó en la literatura argentina en descripciones de objetos novedosos ni en construcción de dispositivos originales de transporte. Más bien, algunas veces, usó como dispositivo al discurso científico para interpretar un pasado que retornaba a la luz del darwinismo, para leer rupturas en el orden social o natural.

Otra marca singular de algunas de estas narraciones es la representación de la academia científica o literaria que instala, fuera del relato, un mecanismo de discusión con el saber académico. El discurso científico se narrativiza (Chelebourg), en estas ficciones, a partir de dispositivos textuales específicos como el ensueño, el monólogo, la descripción de obje-

---

[46] Para una definición del género, ver "Bohemia literaria y ciencia en el fin de siglo porteño", en este mismo volumen, y Gasparini, *Espectros de la ciencia*.

tos conjeturales. El uso que hace la literatura de la(s) ciencia(s) (paleontología, botánica, zoología, acústica, neurología, por ejemplo) es intenso y atraviesa toda la trama.

El porteño Eduardo L. Holmberg, quien por 1875 publicaba su primera fantasía científica, *Dos partidos en lucha*, seguida pocos meses después de *Viaje maravilloso del Señor Nic Nac en el que se refieren las prodijiosas* [sic] *aventuras de este señor y se dan a conocer las instituciones, costumbres y preocupaciones de un mundo desconocido*, fue un gran lector de este verdadero corpus de literatura sideral y de los artículos y textos de divulgación que circulaban por Buenos Aires en ese entonces. Narrador de fantasías científicas y cuentos fantásticos a la vez que médico y naturalista, Holmberg dialoga fundamentalmente con Flammarion y con Henri de Parville, muy leído en Buenos Aires en sus dos facetas, la de divulgador científico y autor de una de las novelas más originales y tempranas sobre tema marciano. Pocos años después, el ingeniero Francisco Miralles (bajo el seudónimo de Saint-Paul), de Santiago de Chile, publica, en 1877, *Desde Júpiter, novela orijinal*, de la que hará una segunda edición, *Desde Júpiter: curioso viaje de un santiaguino magnetizado* (1886), corregida y aumentada, con el doble de páginas.

Años más tarde, en *El planeta Marte*, de 1888, Flammarion trabajará con la idea ya circulante de que los habitantes del planeta rojo son seres humanos reencarnados. Sin embargo, mucho antes, Holmberg se valió de este planteo para explicar el viaje del Sr. Nic Nac a Marte a través de la "desencarnación" de su espíritu-imagen, guiado por el Dr. Seele, un médium alemán de paso por Buenos Aires.

Henri de Parville imagina, en 1864, dentro del horizonte científico alcanzado por la astronomía contemporánea, el aspecto físico del planeta Marte, la anatomía de sus habitantes y hasta la posibilidad de vida "rudimentaria" o "inferior" en otros planetas del sistema solar.[47] En junio de 1864, en el diario *Le Pays* de París, aparece un artículo curioso, titulado "Un habitant de la planète Mars", firmado «Pour extrait. A. Lomon». El seudónimo designaba a un periodista de esa época, A. Lomon, que firmaba los despachos internacionales, sobre todo los referidos a la guerra de Secesión en los Estados Unidos.[48] La nota relataba el descubrimiento, en ese país, de un aerolito que contenía el cadáver momificado de un ser

---

[47] Henri de Parville fue un novelista y divulgador francés. Algunos de sus artículos fueron traducidos por la prensa periódica nacional ya en la década de 1870 (ver, por ejemplo, el publicado en el número 11 de la *Revista literaria*, 17 de agosto de 1879).

[48] La expresión "pour extrait" se utiliza en lenguaje jurídico en francés para certificar documentos.

proveniente de Marte. Este sensacional *hoax* periodístico, presentado como una crónica seria, se prolongó durante seis meses y concluyó en la publicación, en abril de 1865, de la novela de Parville, editada por Hetzel, quien ya manejaba la carrera literaria de Verne. Lo sorprendente no termina aquí. Una historia idéntica se publicó en el diario *La Capital*, de Rosario, Argentina, el 13 de octubre de 1877, año en que, justamente, Giovanni Schiaparelli observaba los supuestos "canales" de Marte. El descubrimiento era atribuido a los mismos personajes que protagonizaban el hallazgo en la novela de Parville, pero el suceso estaba situado en el río Carcarañá y el cuerpo del alienígena, se decía, había sido exhibido en una pulpería local y luego, perdido. Es sumamente significativo además que, bien el *hoax* francés o el argentino o bien la novela sean recuperados en el informe de Fabio Zerpa, el ufólogo chileno-argentino, en 1978, para la revista *7 días*. Resulta productivo pensar cómo las estrategias y motivos de ficciones que dejan huellas en unos pocos "iniciados" se reciclan para edificar un timo de consumo masivo que oscila entre el modo paranormal, la ciencia ficción y el discurso cientificista.

La novela de Parville es, así, recuperada nuevamente, más de cien años después, otra vez en Argentina. Volvemos, de este modo, a los fundadores del fantástico moderno: la estrategia del timo ya había sido, a la vez, usada y denunciada por Edgar Allan Poe en sus textos sobre los fabricantes de autómatas.[49]

La narración no ahorra cuadros comparativos, citas de autoridad de científicos pertenecientes a prestigiosas academias europeas ni fórmulas matemáticas. El discurso científico es insertado en el texto en algunas zonas casi sin una reelaboración que lo integre más naturalmente a la ficción, descuido o desinterés que provoca un efecto de fragmentación. De modo que la admirable narrativización de la ciencia que entre otras cosas popularizaron las novelas de Verne es aquí sumamente precaria. El recurso de las extensas intervenciones en las "sesiones" de la academia donde es expuesto el hallazgo casual de un ser momificado de origen marciano provoca que algunos capítulos terminen siendo puramente descriptivos. No obstante, la homonimia entre sesiones/*séances* espiritistas y académicas vuelve a sugerir una contigüidad que, lejos de inquietar, busca respuestas.

---

[49] Edgar Allan Poe se ha dedicado en algunos de sus cuentos y ensayos "analíticos" a desenmascarar a embaucadores y, a la vez, a embaucar a sus lectores para enrostrarles su credulidad. Este divertimento es practicado eficazmente en "El jugador de ajedrez de Maelzel" (1835) y "Von Kempelen y su descubrimiento" (1849), entre otros.

La descripción de la autopsia de la momia marciana hallada en el aerolito caído en Pic James, Arrapahys, lugar imaginario de Estados Unidos, rebosa, paradójicamente, de "realismo" o materialidad. Parville demuestra poco interés en el planeta rojo toda vez que insinúa disputas entre científicos terrestres y que propone cuáles son los saberes "cruzados" que esos sujetos deben manejar para interpretar la vida alienígena. Una diferencia fundamental entre el Marte del escritor francés y el de Holmberg, sin embargo, es el nivel de detalle con que se construye el verosímil. La composición mineralógica de las rocas que integran el hallazgo, las características de la tumba de piedra en la que es encontrada la momia, junto con el registro de informe médico que describe la anatomía marciana están destinados a provocar un efecto de realidad en un sustrato muy cercano a la ciencia ficción. No prevalece el tono satírico, sino un proyecto estético que pretende presentar como ficción una especulación científica, ya a pocos pasos del exitoso H. G. Wells.

## El cuerpo *alien*

Los desafíos epistemológicos en la construcción de formas alienígenas son propios de la ciencia ficción, esto es, su propuesta al lector de que reconstruya un sistema a partir de las pistas que el narrador va dejando (Jameson 121). La evanescencia de los cuerpos *alien* en *Nic Nac* –subtitulada "fantasía espiritista"- y en *Desde Júpiter*, la asimilación a espíritus/espectros de los protagonistas humanos en consonancia con el cuento espiritista y los viajes maravillosos, todas estrategias narrativas que evitan el transporte tecnológico contrastan con la materialidad del cuerpo de la momia marciana en Parville.

La iconografía alienígena está hoy estandarizada y se ha vuelto convencional. El cuerpo ocupa un lugar fundamental en los relatos de abducciones y en las descripciones de la narrativa (y el cine) de ciencia ficción. El carácter de espíritus y la transparencia-invisibilidad en estas novelas sudamericanas revela un interés más posado en la transposición del mundo situado en otros planetas del sistema solar y sus costumbres en contraste o como espejo de las terrestres que en la geografía especulativa. Es decir, en la capacidad de esos cuerpos etéreos para desplazarse en esos universos utópicos y distópicos, lo que les permite observar más que interactuar. Lo que prevalece es, efectivamente, la presencia de los cuerpos humanos desmaterializados –"transplanetados" o "magnetizados"- en el planeta visitado; esa casi inmaterialidad les permite moverse fácilmente entre los *marcialitas* o los jupiterianos –ambos antropomorfos y casi duplicados del cuerpo humano-, incluso desde que son detectados por sus "luces" o por su visibilización paulatina según condiciones impuestas en esos hábitats circunstanciales. Es que la estructura casi de fantasma-ectoplasma de los terrícolas viajeros se asimila mejor a los ensueños de las novelas planetarias, en los que la materialidad *alien* se desdibuja en los contornos maravillosos de los viajes visionarios que las precedieron: hablar del *más allá* para hablar del más acá. El uso urgentemente político del género que pretende intervenir en la polémica de la construcción del Estado se aviene más con el desdibujado "espíritu imagen" y la transparencia que con un cuerpo que distraiga al lector de la duplicación de mundos.

## La ficción de origen de las novelas planetarias

El prefacio de *Un habitant de la planète Mars*, firmado con las iniciales de Parville, construye la escena ficcional del origen de la novela posando el misterio en su procedencia misma y deja en claro que las notas al pie, del autor, solo aparecerán en "los pasajes que demanden aclaraciones o que exijan rectificaciones". El narrador-editor es un mediador, un médium. Las "cartas" fechadas en América que componen la novela fueron "apareciendo" sobre su escritorio en un lapso de quince horas, sin que pudiera determinar su remitente. La misteriosa escena de escritura tiene puntos de contacto con la de *Nic Nac*, donde un "genio subordinado" garabatea en un papel la narración del viaje a Marte del protagonista, cuyo cuerpo yace aparentemente sin vida en el lecho donde preparó su "desencarnación".[50]

*Nic Nac* narra su origen a través de una escena de escritura cuyo marco extratextual son las anécdotas espiritistas de escritores que "dictan" sus textos desde el más allá. Viaje astral, "transplanetación", dictado mediúmnico, escritura automática de un ensueño son las estrategias narrativas que cruzan la doctrina espiritista con la astronomía en estos relatos. *Nic Nac* es, decididamente, una novela que dialoga fuertemente con una genealogía periférica pero a la vez copiosa: un doble efecto de subrayado se produce cuando en el título se lee "viaje maravilloso", género de larga tradición en la literatura occidental, en el que lo fantástico y maravilloso prevalecen sobre lo utópico.

---

[50] La novela vira hacia el fantástico en el final: quien firma con las iniciales de Parville duda si él mismo fue quien escribió esas cartas durante el trance de un sueño.

Holmberg, sin embargo, no parece querer explayarse sobre los viajes interplanetarios por la transmigración de las almas, ni desarrollar un *novum* (Suvin 95) que sorprenda tanto por su complejidad técnica como el Nautilus o el proyectil tripulado en *De la Tierra a la Luna* de Verne. Simplemente toma esa posibilidad del horizonte de lecturas del "sabio" moderno para disparar inmediatamente la dimensión utópica y, a partir de allí, ensayar reflexiones que hoy se dirían sociológicas sobre las condiciones de producción del relato.[51]

Señalé otros dos textos contemporáneos que pueden leerse en consonancia con *Nic Nac*. Se trata, en primer lugar, de la novela de Augusto Emílio Zaluar, *O Doutor Benignus* (1875), en la que "se acepta sin vacilar la hipótesis científica de la coexistencia de mundos habitados para desplazar los intereses de la trama hacia otros ejes, entre ellos, la conciliación de ciencia y religión y la antigüedad de la vida americana" (Rodríguez Pérsico 345). Por otra parte, en *Desde Júpiter, novela orijinal*, de Miralles, el protagonista es transportado mediante el magnetismo a ese planeta, desde el cual descubre que los humanos son observados a través del Microscopio indefinido. Puede verse claramente que los saberes emergentes forman parte de un género que busca afirmarse como modo de narrar lo nuevo en distintas metrópolis latinoamericanas.

*Desde Júpiter* comienza con una discusión sobre magnetismo, un saber pseudocientífico con una difundida divulgación durante todo el siglo XIX.[52] El narrador pide a un amigo que lo magnetice. Lo logra y, como consecuencia, aparece en otro lugar, una campiña en la que a lo lejos se ve una ciudad. Es inmaterial, afantasmado. En la ciudad hay casas con azoteas desde la que los habitantes analizan la luz solar a través de espectroscopios o lentes gigantes, desde uno de los cuales (el *microscopio indefinido*) un astrónomo está observando especialmente Santiago de Chile, en la Tierra. Se trata de un espejo parabólico de dimensiones colosales que toma fotografías. Se ve muy reducido y las imágenes deben ser sometidas al "aumento indefinido". Este *gadget* es lo que podríamos denominar el *novum* de innovación cogniscitiva con el que trabaja la novela (Suvin 95).

---

[51] El "*novum* de innovación cogniscitiva", concepto que Suvin toma prestado de Ernst Bloch, es "un fenómeno o relación totalizadora que se desvía de la norma de la realidad del autor o del lector implícito" (95).

[52] Sobre magnetismo ver "Tres mujeres que aterran", en este volumen y, entre otros, González, Cecilia y Quereilhac, Soledad.

En *Nic Nac* también aparecen reelaborados ficcionalmente personajes de la historia contemporánea al texto, como el sabio extranjero consultado sobre el viaje de Nic Nac, Benjamin Gould, quien lo declara "loco". El nombre del dr. José María de Uriarte, famoso alienista director del Hospital San Buenaventura -hoy Hospital Interdisciplinario Psicoasistencial J. T. Borda- entre 1864 y 1876, se carga de autoridad y poder: es quien diagnostica a Nic Nac y le prescribe la "terapia" de la ducha fría.

## Los mundos imaginados de Marte y Júpiter

El discurso de la ciencia aparece narrativizado en *Nic Nac* en virtud de la construcción de un verosímil: la "martografía" con sus accidentes y su biodiversidad importan menos que el discurso etnográfico sobre los habitantes urbanos y sus conductas demasiado parecidas a las de sus referentes terrestres. Las discusiones grotescas en las que se pierden, por ejemplo, el zoólogo y el astrónomo sophopolitas –habitantes de la ciudad filocientífica– buscan intervenir críticamente en el naciente campo de la ciencia en la Argentina. Se trata del momento que requiere pasar, urgentemente, de los estructurados y elitistas científicos extranjeros importados por Sarmiento a principios de la década de 1870, encerrados en taxonomías y descripciones cuya utilidad se cuestiona, a un nuevo modelo comprometido con los intereses de la nación emergente.

Estas zonas fuertemente evaluativas del relato de *Nic Nac* disparan la proyección utópica del viaje. La utopía es un género que ha permitido dar curso ficcional al sueño de las sociedades perfectas. Al aceptar los errores humanos y las deficiencias de la naturaleza, el utopista imagina, mediante la confianza en el poder de la escritura, cómo contenerlos, sancionarlos o controlarlos (Davis).[53] *Desde Júpiter* postula en el planeta gigante una sociedad ideal que tiene una funcionalidad clara en la economía narrativa y sostiene el andamiaje ideológico de la novela: los jupiterianos, por ejemplo, critican que los humanos no usan la "lengua universal" por ellos implementada con el fin de comunicarse todos; también la tracción a sangre, por primitiva. El protagonista intenta interactuar con los sabios jupiterianos, que no lo ven ni escuchan. Dicen que en Santiago "todo se halla

---

[53] Bergara propone una relación entre utopía y locura a partir de la etimología: "la utopía, en su desarrollo histórico, quedaría cerca de una *versión institucional de la locura*. La palabra *locura* y la palabra *utopía*, por lo demás, no están ajenas al problema del *locus*, según se sospecha desde el étimo inextricable del primer término… postulan su diferencia radical respecto del imperio de *este* aquí y *este* ahora" (688). En la novela de Holmberg esta hibridación tiene lugar al final.

como 145700 años ha"; critican el transporte, que en Júpiter es aéreo, la moda, que está basada en la "belleza absoluta", la adicción al tabaco. Los científicos quieren determinar cuál es el grado de evolución para determinar en qué momento la Tierra despegará hacia el progreso absoluto. Se le da crédito al desarrollo de la galvanoplastia en Santiago, así como al manejo de la electricidad. Los estudios indican, de todos modos, que tardará poco en "enrielarse en el progreso indefinido". Por un cálculo, el padre de Eva, de quien se enamora el protagonista, dice que la Tierra alcanzará a Júpiter en progreso en 110 años terrestres. Han evaluado el grado de progreso en Saturno y en Mercurio (donde es inferior); Venus atrasa y adelanta en distintos aspectos respecto de la Tierra. Pero Marte es el superior de todos luego de Júpiter, como sucede en casi toda la literatura de tema sideral en el siglo XIX. Los debates sobre *progreso* y *atraso* parecen ser el sustrato del desempeño de Miralles como inventor en una sociedad chilena no siempre dispuesta a darle crédito en sus innovadoras exploraciones sobre navegación aérea y fotografía.

La novela es un compendio de referencias intertextuales y tiene mucho de los diálogos filosóficos de un iluminismo epigonal, aunque el eje ideológico sea el positivismo junto con la defensa del progreso indefinido. El protagonista es intangible e invisible para los jupiterianos, salvo para algunos que lo guían en su visita. Besa a una mujer pero no puede contactarse físicamente con ella, lo cual lo enfurece. En escenas que anticipan *La Eva futura* (1886), de Villiers de l'Isle Adam y *La invención de Morel* (1940), de Bioy Casares, la Eva de Miralles representa el estereotipo de la mujer bella, cuya identidad de género será revelada luego como masculina al protagonista. Las prácticas amorosas también son atravesadas por el positivismo en *Desde Júpiter*: "la visibilidad es relativa al grado de adelanto del espíritu y por consiguiente al punto de la escala que le corresponde", le dice Eva al narrador. Le habla de un amor total e integral, no egoísta. Se trata del "amor indefinido", que el narrador no puede experimentar por padecer celos. El estereóscopo a dos imágenes, que representa "la realidad misma", un invento tomado de la referencialidad histórica, perteneciente a la década anterior, en Júpiter se utiliza para fotografiar vistas de otros planetas y se parece bastante a lo que en la década de 1940 será descubierto por Gabor con el nombre de holograma.

Como en *Nic Nac*, no hay dispositivo tecnológico de navegación. El protagonista se encuentra de pronto en el espacio en un abismo sin fondo, cae. Se encuentra en Santiago al lado de su amigo Federico, que le confiesa que lo magnetizó durante tres horas. Desde entonces desea volver a ser magnetizado pero los médicos se lo prohíben pues "hace mal a la salud". Nic Nac, en cambio, es encerrado a su vuelta de Marte en el Hospital psiquiátrico San Buenaventura, donde se le diagnostica que padece de "manía planetaria". Su viaje se vuelve público a través de la prensa.

## La sombra de la distopía

Las distopías crean una sociedad alternativa presentada como indeseable por el narrador y "puede[n] ser una caricatura de la sociedad actual, a la cual se construye mediante la extrapolación de algunas de sus tendencias hasta reducirlas al absurdo" (Capanna, *Ciencia ficción* 187). *Nic Nac* se constituye, finalmente, en admonición distópica sobre un modelo híbrido que no debería tener lugar en el mundo extratextual. Lejos de ser la ciudad ideal, aunque en un principio lo parece, Teópolis, ciudad rival de Sophópolis, habitada por sabios, es una mala combinación de beatería y sabiduría infatuada que, por el peso de su propia desmesura y contradicciones, termina derrumbándose.[54]

El efecto de duplicación de mundos, logrado, en parte, a través de la toponimia que adjudica Nic Nac a Marte (Nevado de Famatina, República Aureliana, Nación Transmontana, etc.) es funcional a esa voluntad de intervenir corrigiendo y modelando, señalando al lector las aristas negativas de su realidad, fuera del texto. El espejo deformante está presentado -como la sátira- con humor y se explicita con naturalidad: "Yo busco en Marte a los habitantes de la Tierra", advierte Nic Nac. La renuencia de los académicos a pronunciar el nombre de la ley que sancionarán ("aureliana", en relación semántica especular con "argentina") y que resuelven con una carcajada ante los requerimientos de Nic Nac abona la hipótesis de que Marte se construye como un mundo análogo al de la Tierra, o más bien a Buenos Aires (Dellepiane y Rodríguez Pérsico) tal como suele suceder en algunas utopías siderales ya mencionadas.

En las distopías suele haber un vocero de la orientación ideológica autoral. Las dos voces que protagonizan la disidencia y descuellan sobre la multitud en la nación aureliana son las del loco del matraz y la del anciano theopolita que se niega a aceptar sin más la regeneración de su alma en el templo, discutiendo así la aceptación masiva del rito, al que califica de "asesinato" y cuya actitud contrasta con la sumisión de los otros. En las tramas de muchas novelas de ciencia ficción del siglo XX, este tipo de personajes suele desatar el conflicto que da lugar al relato.

---

[54] Ver Gasparini, *Espectros de la ciencia* y Haywood Ferreyra.

El grotesco y la hipérbole desdibujan la utopía y, en esa formulación distópica con científicos necios, con masas adormecidas por la religión se juega la apuesta de *Nic Nac* a intervenir en un proceso social que se está gestando. Viene a plantear, en segundo plano y desde el género de los viajes, con tradición en el siglo XIX, un interrogante central de la posterior ciencia ficción que termina absorbido por la trama distópica: la posibilidad de vida en Marte y en otros planetas del sistema solar. La fantasía científica –en su peculiar vertiente "espiritista"– le permite a Holmberg instalar el tema en el periódico *El Nacional* a partir de un género nuevo, experimento que cuenta experimentos con recursos de la sátira y se transforma en distopía al practicar una evaluación crítica del proceso modernizador y sus actores. El efecto de subrayado que acompaña al título ("fantasía espiritista") opera el mismo ilusionismo que ya había practicado en la novela anterior ("fantasía científica"): la promesa de frescura y divertimento esconde la artillería del educador y del científico.

Miralles también pretende interpelar a sus lectores. *Desde Júpiter* enfatiza que las "bases del saber están vulgarizadas en Júpiter" y que todos allí son artistas: no se trata de una inspiración genial o de un rasgo anómalo. La producción artística es una práctica común que no requiere dejar de lado la vida cotidiana, porque la comprende. Miralles fue ingeniero, artista plástico y pionero en la fotografía. Inventó un sistema para potabilizar el agua salada, escribió sobre técnicas de vuelo en *Locomoción aérea* (1889) y colaboró en distintos periódicos chilenos del siglo XIX. Al focalizar la novela en el "grado evolutivo" de los jupiterianos y su sociedad ideal, crea un efecto de contraste con la sociedad chilena observada con el microscopio gigante. La crítica es directa, no como en *Nic Nac*, donde aparece mediada por un sistema toponímico que da rodeos para asediar el nombre de la República Argentina, deformada en el espejo de la Nación Aureliana.[55] Andrea Bell propone que *Desde Júpiter* alterna fragmentos de crítica social con humor que reflejan valores, actitudes y pensamientos predominantes entre la *intelligentsia* urbana chilena de fines de siglo XIX.[56] Como

---

[55] La relación semántica se establece entre la etimología latina de ambos lexemas, que remiten a plata y oro, respectivamente.

[56] La ciencia ficción chilena puede remontarse, como ha establecido Andrea Bell, por lo menos a 1877, año en que se publica la novela de Francisco Miralles *Desde Júpiter*. Marcelo Novoa y Omar Vega postulan que existiría un texto anterior, de 1875, titulado *¡Una visión del porvenir! O el espejo del mundo*, del inglés Benjamin Tallman (Novoa) o, según Vega, *El espejo del futuro*, que atribuye a David Tillman, del cual no se han encontrado ejemplares (citado en Areco 194).

ocurrirá a menudo en la ciencia ficción, la cultura *alien* funcionará como modelo con el cual comparar la cultura humana.

En ambas novelas la religión es considerada como un obstáculo para el progreso de las naciones. Fenómenos asociados a las prácticas espiritistas como telepatía, mediumnidad, clarividencia aparecen en ambos textos. Si en *Nic Nac* el "viaje maravilloso" termina condenado socialmente con el confinamiento del protagonista y su diagnóstico de "loco tranquilo", en *Desde Júpiter* la travesía filosófica del narrador no parece interpelar los mecanismos de control de los santiaguinos porque, entre otras cosas, el viaje no se hace público.

A través de la lectura de las elecciones de repertorios y de las estrategias narrativas que articulan las fantasías científicas de Holmberg y de Miralles intersectadas por la dimensión "psíquica" y técnica es posible dibujar un mapa de una esfera estética en construcción en las décadas de 1870-1880 en el proceso modernizador argentino y chileno, sobre el que ambos narradores argumentaron a favor y en contra y tuvieron parte como letrados y científicos.

# SEGUNDA PARTE

Espacio, terror, cuerpos
en los siglos del consumo masivo

## La memoria en su sitio. Sobre el terror en los Centros Clandestinos de Detención argentinos[57]

Durante 2012 hubo dos hechos, uno público, el otro privado, que me impactaron profundamente, con un factor en común: la sensación de horror vinculada a la memoria de sucesos relacionados con la última dictadura militar y los espacios donde ese horror se concentró: los CCDT y E y los espacios que excedían esas paredes, siempre permeables a la sociedad contemporánea y cotidiana, por un lado; las casas, los galpones donde se ejerció una lucha subterránea, enclavados en la planta urbana o sus bordes, por otro.[58] El primero es la noticia titulada por *Página 12*, en junio de ese año, "Investigan restos óseos". Un juez había ordenado un peritaje para confirmar si el hallazgo de esos huesos, que se había producido cuando se hacían reformas en la casa del ex comisario Juan Bustamante, en Santiago del Estero, tenía que ver con restos humanos y si tenían relación con personas desaparecidas en el período 1976-1983. Lo verdaderamente sorprendente es que, afirma la noticia

> un albañil que hacía una excavación para construir un pozo ciego descubrió ... restos óseos enterrados en una casa de Santiago del Estero que es propiedad del ex comisario Juan Bustamante [que integró grupos de tareas en la denominada "SIDE de Santiago"], uno de los diez acusados en el juicio por delitos de lesa humanidad que comenzó el 8 de mayo.[59]

El segundo hecho es una visita guiada al ex CCDT y E Olimpo, de Floresta, ciudad de Buenos Aires. Allí, cuando ingresamos al predio, las guías responsables del recorrido nos invitaron a observar hacia nuestras espaldas. Una vez dentro del playón del inmenso garaje, también ex

---

[57] Una primera versión de esta lectura fue publicada en *Estudios de Teoría Literaria*. Revista digital, Año 4, Nro. 7, 2015, Facultad de Humanidades / UNMDP.
[58] Con la sigla CCDT y E nos referiremos a los campos clandestinos de detención, tortura y exterminio.
[59] La noticia y otras dos relacionadas con el caso pueden consultarse en: http://www.pagina12.com.ar/diario/elpais/1-195538-2012-06-03.html, http://www.pagina12.com.ar/diario/ultimas/20-200953-2012-08-13.html y http://www.pagina12.com.ar/diario/elpais/1-208258-2012-11-21.html, con acceso 5/12/2012.

centro de Verificación Técnica del automóvil, pudimos comprobar que desde los edificios ubicados enfrente –casi todos ya habitados antes y durante el período 1976-1979, año en que fue demolida toda la construcción vinculada al campo de exterminio- es posible observar y ser observado.

La pregnancia de los espacios en estas dos experiencias –in situ y de lectura- me impulsó a repensar el vínculo entre el género gótico, el terror y el espacio en narraciones sobre el suceso traumático que significó la última dictadura militar argentina y el interés por "desenterrar" un pasado reciente que no cesa de manifestarse. Esas narraciones, entre otras reacciones culturales asociadas al autodenominado "Proceso de Reorganización Nacional", trabajaron en la deconstrucción de esa máquina del horror que representó el *terrorismo de Estado*, por un lado, y de los modos de resistencia y supervivencia de los militantes y sus familiares y allegados, por otro.

En algunos relatos testimoniales como *La escuelita. Relatos testimoniales* (Partnoy, 2006), *Pasos bajo el agua* (Kozameh, 1987) o *Imaginación y prisión* (Ricciardino, 1998) publicados en distintas etapas de ese proceso de deconstrucción, se plantean algunos ejes que sirven para armar ese rompecabezas. Se presentan en este punto tres problemas: el *testimonio* y su compleja construcción del verosímil, la "verdad" y su relación con la Historia para hablar del horror de los CCDT y E desde la autoridad que confiere el pacto autobiográfico; la presunción –ya presente en la literatura del período histórico gobernado por Rosas- de que el terror se construye con la arbitrariedad y con la anuencia colectiva; los *tonos* a través de los cuales el terror puede expresarse, que se realizan mediante algunos procedimientos de escritura ("understatement" y naturalización del horror). En esta lectura me centraré en el eje gótico-terror-espacio, una posibilidad que surge del estudio de distintos géneros y formas de representación del terror de Estado en ficciones y testimonios literarios sobre la dictadura militar.

## Memoria, terror y dictadura

Dentro del corpus testimonial letrado pueden distinguirse dos grupos textuales: los destinados a enaltecer la memoria de una épica militante y los producidos con el objeto de relatar la experiencia de la tortura (Nofal). En ambos casos la voz del testigo es hegemónica y ocupa la totalidad del espacio narrativo del autor. En los primeros testimonios publicados en Argentina desde 1983 y hasta 1989, la figura del desaparecido es la de un "querellante" que se ve despojado de los medios para argumentar su defensa y por ello se convierte en "víctima de una sinrazón"; el enunciado de la épica se construye desde un héroe torturado que sobrevive al mal y lucha en su contra (Nofal).

"Las controversias sobre los sentidos del pasado se inician con el acontecimiento conflictivo mismo", asegura Jelin (2002 4). Los relatos testimoniales entran efectivamente en disputa, aunque desplazados en el tiempo de la escritura y publicación, con los documentos oficiales de la dictadura y su propaganda política: apuestan a la "veracidad" del haber "estado ahí" propia del testimonio y juegan con la verosimilitud del relato de terror. Los excesos narrados, parecen afirmar declarativamente, compiten con cualquier ficción fantástica: el registro de naturalización del horror permite narrar la fiesta de los monstruos del "pueblo", la de los verdugos que infantilizan a sus víctimas negándoles comidas y necesidades básicas u obligándolos a realizarlas según su capricho, condenándolos a jugar el juego macabro de la humillación espectacularizada en "bailes" o "trencitos" mortales protagonizados por los detenidos. Clandestinidad: humedad, ruina, encierro, pasadizo son todos elementos del gótico que estos relatos recuperan.

Así como el castillo de Tintagel, habitado según la leyenda hace cientos de años por el Rey Arturo, "tiene más que ver con las sucesivas capas de un imaginario europeo como tradición inventada que con la historia verdadera del castillo" y las sucesivas superposiciones de la "semiosis social" forman un "conglomerado mucho más potente que la así llamada realidad historiográfica", observa Amícola (2003 85), los ex CCDT y E también son la suma de los relatos que sobre ellos circulan, lo que fueron antes y después del lapso en el que funcionaron como máquina de muerte, de las reacciones que provocan desde el momento en que se convierten en *museos de la memoria*.

La detallada construcción del espacio que en el género gótico había tenido tanta importancia está puesta en primer plano en estos relatos: la relevancia de las casas y CDDT en los relatos sobre violencia y terror político es fundamental. La descripción de los patios entrevistos desde las capuchas, las letrinas y las cuchetas húmedas, la pregnancia de los pequeños objetos (una caja de fósforos con un diente caído, las migas de pan, las goteras en las latas, las gotas de lluvia), adivinados a través de las vendas apretadas o flojas van escandiendo el relato (lo que se entrevé, huele, escucha, lo que se finge no ver) en *La escuelita. Relatos testimoniales*, de Alicia Partnoy. Como en *Pasos bajo el agua*, de Alicia Kozameh, desde lo banal o lo cotidiano se arma el rompecabezas del terrorismo de Estado a partir de una marcada perspectiva de género pero no desde sus presupuestos teóricos, sino más bien desde el "understatement", desde el decir poco para decir mucho, para decir el exceso, su opuesto, la hipérbole.

Ya desde el género novela, en *La casa de los conejos* (2007), de Laura Alcoba, la transformación de un galpón de un barrio de La Plata en una imprenta clandestina asume la arquitectura del "embute", el pasadizo secreto de la mansión gótica que aquí oculta el monstruo de la prensa panfletaria.

El espacio de las novelas góticas, señala López Santos[60]

> sea éste un convento o un castillo, presenta la particularidad de ser siempre doble: el espacio de la protección, por un lado, y el espacio de la opresión, por otro. Espacios que no solo no están predispuestos de antemano, sino que son cambiantes a lo largo de todo el relato, complicando más la estructura e incidiendo en las penalidades a la que se ven sometidos los protagonistas. Los límites no son fijos ni evidentes, transformándose de pronto ante el horror de los personajes. Sin embargo, el lector ya sabe de antemano que ciertos lugares, dentro de los mismos, no presagian nada bueno, porque los reconoce como escenario de sus miedos nocturnos. Este es el caso de los subterráneos, las habitaciones secretas, los cementerios y las criptas. (s/p)

En *La casa de los conejos* la imprenta clandestina aloja y protege a los militantes y a sus hijos y contiene el germen de su propia destrucción: el traidor que participa de la construcción del pasadizo, el Ingeniero.

---

[60] La bibliografía sobre la espacialidad en la ficción gótica es abundante. Hogle (2) condensa lo relativo a ese aspecto así: "a Gothic tale usually takes place (at least some of the time) in an antiquated or seemingly antiquated space – be it a castle, a foreign palace, an abbey, a vast prison, a subterranean crypt, a graveyard, a primeval frontier or island, a large old house or theatre, an aging city or urban underworld, a decaying storehouse, factory, laboratory, public building, or some new recreation of an older venue, such as an office with old filing cabinets, an overworked spaceship, or a computer memory. Within this space, or a combination of such spaces, are hidden some secrets from the past (sometimes the recent past) that haunt the characters, psychologically, physically, or otherwise at the main time of the story".

## El "embute"

Hay una condensación metafórica en *La casa de los conejos*, novela con fragmentos testimoniales, que representa cabalmente el vínculo del gótico con el terror político en tanto remite a clandestinidad, resistencia, militancia, laberinto, hueco, grieta, ocultamiento, penumbra.[61] El "embute" es el "falso último muro" donde la madre militante de la narradora se ocupa de imprimir el periódico clandestino *Evita montonera*. El espacio y la forma en que esta categoría es experimentada por la niña protagonista, de 7 años, que debe barajar verdad y apariencia en una infancia cruzada por la militarización de la sociedad, está narrado en un explícito homenaje al policial ("La carta robada", de Poe) y, menos visiblemente, aparece también atravesado por la estética del gótico. En la novela, el "embute" es la clave gótica del relato aunque se exprese en clave policial. Se trata de una palabra, según la narradora, propia de la jerga de los militantes de los setentas, "desaparecida" en el presente de la enunciación. Como contraparte, Diana, compañera de militancia de la madre que permanecerá desaparecida tras el tiroteo con personal del ejército que interviene en la aniquilación del escondite de la organización, es el "embute" externo: la embarazada de la que nadie sospecha, que lleva en una camioneta regalos muy vistosamente envueltos que, a su vez, ocultan las pilas de periódicos de circulación clandestina. Desde luego, la casa de los conejos (otro "embute" más construido para disimular las actividades de los militantes) va a ser una trampa: la madre será la "emparedada detrás de los conejos, haciendo girar las rotativas" (Alcoba 110). Otra figura, sin dudas, tributaria del gótico.

En el film *Infancia clandestina* (Benjamín Ávila, 2012), una casa en las afueras de la ciudad, usada como centro de operaciones de Montoneros tiene también un "embute" en un galpón, camuflado por una pila gigantesca de cajas de maní con chocolate que esconden de la violencia del afuera a los dos hijos de la pareja en dos ocasiones. Como se verá, no es la única coincidencia entre *La casa de los conejos* y la película.

Esa es la lógica del embute: "en la guerra, la geometría del espacio está calculada para ese fin; se debe organizar el control de los movimientos y tener la máxima visibilidad y, a la inversa, des-panoptizarse y ocultar los

---

[61] Para pensar las diferencias entre horror y terror ver "El terror es una enfermedad" y "Tres mujeres que aterran" en este volumen.

movimientos e instrumentos en cuanto sea posible" (Ricciardino 33). Así analiza el espacio de la cárcel César Ricciardino en *Imaginación y prisión. La resistencia de los presos políticos en la cárcel de Coronda: 1975-1979*. El texto está estructurado como un ensayo académico sociológico que trabaja con fuentes un tanto difusas ("Archivo El Periscopio") a la vez que con bibliografía perteneciente al canon de los estudios sobre memoria. Sin embargo, hay segmentos donde se fuerza un tono que no tiene que ver con el académico y puja por emerger la ficción, aunque eso no ocurra. Son los momentos donde se sistematizan las categorías de espacio y tiempo, donde se describe la arquitectura del sistema represivo, cuando despuntan testimonio y anécdota, creando otro género. Anexo y glosario contribuyen a crear el verosímil, construir la base argumentativa del texto y enmarcar este testimonio razonado en tercera persona. En el glosario, la palabra "embute" ocupa varias líneas:

> escondite, lugar donde se ocultaban las cosas que no era permitido tener o que por su contenido o esencia no debían ser vistas por las autoridades. Podían ser fijos o móviles. Los fijos se construían en las celdas (un pequeño hueco en la pared, disimulado con una masa elaborada con miga de pan y coloreada con pintura raspada de la misma pared y arena), los móviles servían para trasladar material (revistas, documentos, cartas) -estos se usaron en épocas en las cuales era posible disponer de algunos artículos que luego fueron prohibidos-; el ejemplo más común sería el envase de cartón y metal del talco (muy prolijamente se desgastaba el fondo de metal del envase, lo que permitía confeccionar una tapa, posteriormente se le agregaba un doble fondo al envase con el resultado de tener talco arriba y el material embutido abajo con acceso por el fondo desmontable" (Ricciardino 103)

La importancia dada a las coordenadas espacio temporales vincula al ensayo con una narración aunque predominen los segmentos de análisis. La prisión es el espacio por excelencia, como "centro de concentración de prisioneros políticos"; es el "espacio institucional situado" en el cual el "orden de las cosas estaba alterado con relación al 'afuera social'" (30). La alternancia entre el pretérito imperfecto y el presente, además de la impersonalización, ayudan a crear esta fusión y a obturar la autobiografía: "Aunque se fuera prisionero, eso no validaba la inacción".

En esta línea también ha sido escrito *Poder y desaparición* (2004), de Pilar Calveiro, quien, como Ricciardino (ex preso político en el penal de

Coronda), sobrevivió a su permanencia en distintos centros clandestinos. En el prólogo al libro, Juan Gelman llama la atención sobre la peculiaridad de la posición enunciativa de Calveiro:

> Hay obras notables sobre la experiencia concentracionaria de sobrevivientes de campos nazis de concentración o *gulags* soviéticos… escritos en primera persona, como exige el testimonio. Este libro es distinto: su autor ha recurrido a la tercera persona, la persona otra, para hablar de lo vivido" (Calveiro 5).

Es lo que ocurre con el libro de Ricciardino, solo que en *Imaginación y prisión* se trata de una cárcel específica, un caso testigo, donde los detenidos son presos políticos, en una especie de *limbo* no del todo fuera de la *legalidad* confusa del poder dictatorial. Si bien se plantea como relato académico, un tono épico parece argumentar a favor de la heroica resistencia de los presos a través de la conformación de un imaginario propio, intentando conjurar toda sospecha de traición.

## Supervivencia y testimonio

"Los momentos de cambio de régimen político, los períodos de transición, crean un escenario de confrontación entre actores con experiencias y expectativas políticas diferentes, generalmente contrapuestas", cada una con su visión del pasado y un programa (Jelin 45). Cobra importancia, entonces, la voz de los sobrevivientes.

Dos conceptos fundamentales, traición y supervivencia, con los que trabaja Longoni, han resultado de fundamental importancia para leer el cruce del terror político con los relatos del repertorio testimonial y ficcional vinculado a la dictadura. Longoni ha propuesto pensar las razones y los efectos del *parteaguas* por el cual mientras los desaparecidos son considerados mártires y héroes, los sobrevivientes son estigmatizados como traidores.[62] El sobreviviente aparece como portavoz de un reconocimiento que todavía hoy no puede ser escuchado por muchos: que el proyecto revolucionario del cual fue parte sufrió una derrota. Por eso es un "no-héroe". La supervivencia se constituye, en este proceso, como relato

---

[62] Longoni establece como momento de quiebre octubre de 2006, cuando sucede la segunda y definitiva desaparición de Julio López. A partir de este hecho se analiza la "condena de los sobrevivientes" que realizan dirigentes de organismos de Derechos Humanos.

fantástico y en este punto Longoni retoma a Calveiro: el relato de la fuga del sobreviviente siempre resulta "fantástico, increíble [...] Transita en una zona vaga de incredibilidad" (Calveiro 130), en parte porque la salvación está sujeta al factor de la arbitrariedad de los que ejercen el poder. Haber sobrevivido al horror es una marca que se lee como peligrosa porque está presuntamente tachada de traición.

Incluso testimonios como el de Partnoy recurren a motivos de la literatura fantástica para decir, con una fina ironía, que la incomunicación con el afuera es total. La protagonista intenta realizar durante su detención un "ejercicio" de telepatía para comunicarse con sus familiares que, evidentemente, no funciona. Entonces, reflexiona, "quizás esos ojos del espíritu también estuvieran vendados" (Partnoy 42).

En los testimonios, muchas veces, aparecen, como se señaló, anexos documentales que incluso han sido utilizados como pruebas en juicios contra los represores: la lectura de los capítulos sobre partos clandestinos y el trato violento hacia las embarazadas tienen una utilidad en esa instancia judicial: "Seleccioné esas lecturas por considerar que el único resquicio para la justicia en aquel entonces era la situación de los niños nacidos en cautiverio" (Partnoy 123). Y, efectivamente, es el motivo por el que condenaron el 6 de julio de 2012 a los represores Videla (1925-2013), Bignone (1928-2018) y el "Tigre" Acosta (1941) a prisión perpetua, porque se pudo probar que el secuestro y apropiación de bebés era sistemático.[63]

## Nombre falso

Las letras y números que las fuerzas represivas les asignaban a los detenidos, como una forma más de supresión de la identidad, son el reverso de los nombres falsos o de los nombres de guerra.

Los apelativos de los protagonistas de ficciones y testimonios se cargan de sentido en el momento de entrar en la clandestinidad, de participar de actividades ligadas a la militancia o de ingresar a un CCDT y E. En el último caso, escuchar el nombre completo en la voz del captor o verdugo equivale a la lectura de la ficha de detenido con la que el poder

---

[63] Jorge E. Acosta, que por esa causa obtuvo treinta años de cárcel, fue condenado a cadena perpetua recién en noviembre de 2017 en la Megacausa ESMA. En marzo de 2018, el gobierno de Mauricio Macri lo incluyó en una lista de posibles beneficiados por la prisión domiciliaria entre los que figura, también, el represor y espía Alfredo Astiz.

represivo clasifica y vacía de sentido. A Alicia Partnoy la llaman irónicamente "La Muerte", por una milonga de Atahualpa que cantaba un guardia, a lo que ella opone la vida que *todavía* tiene, a pesar de la tortura. Los alias que salvan, hunden o los nombres verdaderos que finalmente confunden más a los perseguidores en la ciudad son también objeto de juicios críticos, a posteriori, por parte de los sobrevivientes, quienes evalúan errores de táctica: reflexiona Partnoy que nombres como el de ella y de muchos de sus compañeros de militancia eran tan usuales en las grandes ciudades que terminaban identificándolos menos que sus nombres de guerra. Paradójicamente, en los centros de exterminio los detenidos olvidan nombres y caras (de los compañeros y de los hijos) aunque ensayan técnicas para que esto no suceda.

En *Infancia clandestina* Juan, el protagonista, un preadolescente hijo de una pareja de montoneros que participan del operativo denominado "Contraofensiva" en 1978, debe cambiar de nombre cuando regresa clandestinamente a Buenos Aires. Como en la novela de Alcoba, debe convivir con un nombre e identidad falsas, e incluso fingir que su acento no es cubano sino cordobés. La reafirmación de su identidad, secuestrados y aniquilados sus padres, se da en el cuadro final de la película, cuando puede volver a pronunciar su nombre: "Soy Juan". Frente a la sensación de disolución y desvanecimiento que produce el horror de la violencia, el nombre propio funciona como conjuro, como regreso al origen.

## Topofilia

Existió durante la dictadura, afirma Durán, una

tensión particular entre el adentro de los centros clandestinos de detención y el afuera. Emplazados en el medio de la ciudad, los centros estaban, en términos territoriales, muy próximos pero a la vez muy distantes. Sus muros perimetrales, sus paredes divisorias crearon una espacialidad y temporalidad propias y funcionaron [...] separando lo próximo, en contraposición al puente que une lo distante (297).

Entre el testimonio de los sobrevivientes de los CDDT y E, sus reelaboraciones novelísticas y los documentos aportados en esos mismos textos -o bien accesibles en algunos archivos- se puede leer un complejo mapa en el que la experiencia del terrorismo de Estado en la Argentina es narrado a partir de procedimientos y tópicos del terror y gótico literarios. "La memoria es *topofílica*", observa Durán, "porque se inscribe espacialmente, es decir, existe una 'propensión del recuerdo para construirse espacialmente, para inscribirse en un espacio' (Candau, 2006, p. 37)" (301). Y evidentemente en la lectura de esos espacios que se escriben en palimpsesto está la clave de un pasado que retorna, como el reviniente, para decirnos que no está todo dicho.

Escribir "en la cabeza", sin lápiz ni papel, como la ardua empresa que se propone Hladik frente al pelotón de fusilamiento en "El milagro secreto", de Borges, podría ser otra estrategia para registrar los archivos de la memoria. Sin embargo, Partnoy, en su testimonio, elige recitar a los otros detenidos sus poemas previamente escritos porque "con la carne de la poesía anestesiada no se puede escribir versos" (89). Esa poesía no tiene un lugar preciso en el espacio, lo ocupa todo rasgando el aire del encierro, atraviesa los paneles de la cuchetas para entretener a los que esperan por la tortura.

También sucede que la introspección y el mutismo de los detenidos pueden ser un muro impuesto a los verdugos, cuya paranoia induce a la hiperinterpretación. Los torturadores de Partnoy interpretan de modo desviado un poema escrito por ella antes de su secuestro, que es leído a su compañero, detenido en el mismo campo, para que confiese a qué "asqueroso subversivo" está dedicado (92). Ante la insistente respuesta "le escribió al arroyo [Napostá]", el interrogador ordena preparar la picana. Como en la escena inicial de *Facundo*, otra vez, los verdugos leen mal.

## Casas y memoria: rutas del espacio y el miedo en la narrativa argentina contemporánea[64]

> casas marcadas
> por el sol
> casas marcadas
> en la luz
> "Casas marcadas", Luis A. Spinetta

Existen algunas novelas argentinas de publicación relativamente reciente, testimonios y crónicas periodísticas sobre secuestros, torturas y permanencias en espacios húmedos, sucios, mohosos, poblados de gritos y risas de verdugos, de laceraciones y vejámenes que coinciden con los pasajes más escatológicos de las novelas góticas aunque no pretendan serlo. En ellos espacios y casas aparecen atravesados por la política y por el terrorismo de estado mientras que lo doméstico y lo siniestro se conjugan en el plano de la clandestinidad: se trata de la guerra subterránea que corroe la ciudad. Espacios y casas de las que es posible pensar, como escribe María Negroni en *La anunciación* (61), "no es lo mismo, obviamente una casa, que una casa operativa, que una casa allanada, que una casa cantada por un quebrado, que una casa rosada, o peor aún, una casa blanca". Casa "operativa", "embute", ruina, terreno baldío son lugares de pasaje por los que transitan tanto los vivos como los fantasmas de la memoria histórica vinculada a la lucha armada en los años 70 y al período dictatorial en algunas de estas novelas escritas por narradores argentinos en los últimos años.

Así como en el siglo XIX el *topos* más popular de lo siniestro, recreado por la literatura fantástica, fueron las casas encantadas (Vidler), es posible leer un desajuste en la representación de lo real en los espacios domésticos y sus usos como lugares clandestinos de la ciudad de la dictadura cívico militar (1976-1983) y en su evocación por parte de los hijos de padres desaparecidos. Lo *siniestro arquitectónico* (Vidler 11) aquí surge no de una estructura edilicia en particular sino de las prácticas que allí se llevan a cabo y cubren de horror a quienes circulan por ella. En la privacidad de

---

[64] Una primera versión de esta lectura fue expuesta en las *XXVI Jornadas de Investigación del Instituto de Literatura Hispanoamericana*, Casa de la Cultura. Fondo Nacional de las Artes, Ciudad Autónoma de Buenos Aires, 11 al 14 de marzo, 2014. Este artículo debe leerse como una profundización de lo planteado en "La memoria en su sitio", de este mismo volumen.

los interiores irrumpe lo irracional asociado con el "operativo", con la aparición de un fantasma o bien el espacio urbano se transforma en una trampa mortal cuando no en una tumba sin nombre.

La conversión del espacio urbano de doméstico a siniestro en estas narraciones, que están atravesadas por una referencialidad histórica en constante revisión como lo es la década de 1970, cuenta, en su propio mecanismo verbal, en el despliegue de sus perspectivas cargadas de matices, que ese cambio no fue azaroso ni imperceptible para quienes no participaban activamente del conflicto social. Lo que el "descubrimiento social" de los CCDTyE que realizó la CONADEP a mediados de los ochentas puso sobre la mesa fue, fundamentalmente, en palabras de Vezzetti (*Pasado y presente* 166) "una maquinaria de tortura y exterminio que coexistió y convivió sin mayores dificultades con un funcionamiento más o menos habitual de las instituciones de la sociedad". Tanto Pilar Calveiro (2004), en su conocido ensayo sobre los campos de concentración, como Vezzetti, coinciden en afirmar que hay "un punto en el que el miedo se reúne con la conformidad social, incluso con una sumisión tranquilizadora a un orden autoritario" (*Pasado y presente* 167), un miedo que se expresaba como una "posición de sumisión frente a las amenazas de un desorden que a la vez era real e imaginario" (168), no solamente como una respuesta a una amenaza externa. Calveiro, a su vez, interpela al lector cuando propone que "no hay campos de concentración en todas las sociedades" (28).

Esta lectura sobre casas, fantasmas y espacios del miedo durante la dictadura se apoya en algunas novelas y cuentos publicados en la primera década de este siglo, como *La casa operativa* (Cristina Feijoó, 2006), *La casa de los conejos* (Laura Alcoba, 2008) y *Los peligros de fumar en la cama* (Mariana Enriquez, 2009).

## Casas siniestras

"La casa proveyó un lugar favorable para las perturbaciones de lo siniestro (*uncanny*): su aparente domesticidad, su residuo de historia familiar y nostalgia, su rol de último y mayor refugio del confort privado enfocado por contraste en el terror de la invasión de espíritus intrusos (*alien*)", señala Vidler (todas las traducciones mías, 17). "La caída de la casa Usher", de E. Allan Poe, fue un relato paradigmático en este sentido. Si en el cuento de Poe los signos del encantamiento ya están en la casa, como en sus predecesoras románticas, en cambio, en las casas de las novelas que estoy leyendo lo siniestro no se anuncia desde el exterior, muy camuflado en el paisaje urbano de las calles del conurbano bonaerense, rosarino o platense. La casa Usher es una "cripta predestinada a ser sepultada a su turno" porque la grieta que la divide en dos lo anuncia ostensiblemente (Vidler 18). También la casa deviene tumba en *La casa de los conejos* y *La casa operativa*. En "Chicos que faltan" (Enriquez), los adolescentes y niños desaparecidos en tiempos de democracia (secuestrados o extraviados y luego no recuperados e incluso vistos muertos en filmaciones) vuelven a sus casas masivamente para finalmente ser rechazados por sus familiares, que sólo reconocen en ellos un cuerpo con una identidad diferente.[65] Todos confluyen en una casa rosa o rosada, antes deshabitada, donde la protagonista comprende que "formaban un organismo, un ser completo que se movía en manada" (194). De la ventana blanca asoma Vanadis, remedo adolescente y criollo de la diosa nórdica de la belleza y el amor, quien habla por todo ese "organismo" que son esos fantasmas, esas "cáscaras (…) que no tenían nada adentro", como declara en un medio una de las madres que los rechazan. La casa se transforma en una especie de colmena que alberga lo siniestro, ya independizado de la experiencia del sujeto y materializado.

Hay, desde luego, casas que a pesar de su simplicidad tienen aspecto siniestro. Este aspecto o esta sensación se construye desde el adentro, como ocurre en "Chicos que faltan", porque lo que asoma, aflora, de la casa ya habitada por fantasmas o cáscaras de la identidad real, usurpada y borrada por el secuestro y muerte, es la historia no contada y obturada por el período en que esos niños y adolescentes desaparecieron. Esos rostros que asoman en la ventana, en círculo, alrededor de la diosa adolescente son la punta de un iceberg que cuenta la historia de la desprotección de la inocencia. El punto de partida de lo siniestro, como lo analizó Freud, es el revés de lo doméstico y familiar que muestra lo que no debe decirse. Lo siniestro es el regreso de algo inquietante, algo enterrado que aflora, tan parecido a la noción de fantasma. Hay una definición que resultó clave para la investigación de Freud, la del poeta romántico Schelling (*Filosofía de la mitología*, 1835): "siniestro es el nombre para todo lo que debió permanecer secreto y oculto pero sale a la luz" (Vidler 26).

---

[65] *Los peligros de fumar en la cama*, de Enriquez, no es precisamente un conjunto de narraciones sobre la lucha armada en los setentas ni tiene un sesgo testimonial ni autobiográfico. He seleccionado dos relatos que creo vinculados a este tratamiento del espacio y el miedo porque además comparten con las otras dos novelas similar período de publicación. Para una lectura de otros aspectos de "Chicos que faltan" ver "El aparecido y la horda", en este mismo volumen.

## Arquitectura y militancia

A través de la lectura de algunos relatos de Hoffmann, Vidler se enfoca en el examen del rol de la arquitectura en el establecimiento de la sensación y en su actuación como un instrumento para su narrativa y las manifestaciones espaciales. Posa su interés en el diseño de espacios que tuvieron resonancia en las dimensiones psicológicas de los personajes de Hoffmann. En sus cuentos releva casas, a veces, "inusuales" por fuera y sencillas, "caseras", por dentro. Freud ya observó que de la casa confortable, familiar a la encantada hay un solo paso. En las casas de estas novelas ese paso se da con la modificación arquitectónica utilitaria (*La casa de los conejos*), cuando se construye el "embute" que oculta la imprenta clandestina que maneja la madre de la protagonista. Con la división operativa de espacios y los usos de esos espacios que se convierten en lugares que pueden facilitar o impedir la huida en *La casa operativa*. Cuando ésta se transforma en campo de combate con el enemigo también se transforma lo doméstico en extraño, siniestro. De similares estrategias de contraste hecha mano Feijoó para construir la mirada de un adulto que recuerda desde su visión de niño la situación límite de la pérdida de la madre y del hogar, por transitorio que sea.

## La casa *operativa*

En la novela de Feijoó todo gira alrededor de un suceso histórico, los preparativos para la ejecución de un militar en Rosario por las FAR y el PRT en 1972 y el operativo de captura de la policía de los participantes en la "casa operativa", meses antes del fusilamiento de Trelew (22 de agosto), donde cae Julián, el padre de Manuel, principal voz narradora.[66] El operativo del comando parapolicial está narrado en una tercera persona que va haciendo foco en distintas subjetividades, lo que brinda otra perspectiva diferente al discurso de los militantes y a su narración descarnada por parte del hijo de la militante desaparecida. Esa historia está contada

---

[66] El ERP realizó algunas operaciones militares junto con otras organizaciones durante la década de 1970. Según De Santis, la que tuvo mayor repercusión fue la planificación y concreción de la fuga de los dirigentes de PRT, FAR y Montoneros de la cárcel de Rawson en agosto de 1972 y la acción conjunta de las FAR en el caso del General Sánchez en Rosario, que es el suceso histórico alrededor del cual gira la novela.

por la voz de Manuel, desdoblado en el pasado de la narración en su nombre de guerra, "el Hilván", quien busca recuperar a su madre, Felisa, reconstruyendo ese episodio clave de su infancia y de la lucha armada en los setentas. El resultado de esta instancia narrativa es un conglomerado compuesto por testimonios -que cuentan lo que se desarrolla en la casa y todo el *operativo* de la organización guerrillera- en primera persona de protagonistas (Dardo) o de amigos de los protagonistas (Tessi, amiga de Felisa) o de esas voces mediadas por la de Manuel. Sobre el final se sabe que Felisa y Manuel sobreviven al asalto a la casa operativa y que ella es secuestrada en 1976 y se transforma en una desaparecida. La novela se cierra con el reconocimiento de Dardo, ex militante sobreviviente, y el ex niño: se recupera la identidad, se unen los fragmentos dispersos.

Escribir sobre la casa operativa es también realizar un anclaje en la memoria; porque la muerte de la madre desaparecida existe y no existe: "Mi madre fue vista por última vez en la ESMA; fue arrojada al mar, pero no permitiré conclusiones erróneas. Que nadie introduzca la muerte entre mi madre y yo. La muerte, sin embargo, existe" (Feijoó 10). *La casa de los conejos*, narrada en tercera persona en la voz de la adulta que quiere olvidar, a través de la impostación de una voz de niña de siete años (proceso que recupera el pasado vivido), está dirigida a Diana, militante montonera desaparecida, como interlocutora ausente.[67] Se apela en esta novela a la figura del *interlocutor/receptor desaparecido*: la narradora se ha demorado en escribir para que los pocos sobrevivientes no la lean, gesto que en la historia de la literatura argentina tiene uno de sus antecedentes más lejanos en *Amalia* (1851-5), de Mármol y la susceptibilidad política del lector en el cambio de coyuntura o escenario histórico. La voz narra a través de los lugares marcados por la violencia y su reconstrucción para la memoria histórica: la narradora vuelve del exilio, a la Argentina, muchos años después, con su hija. "En los mismos lugares, yo investigué, encontré gente. Empecé a recordar con mucha más precisión que antes, cuando solo contaba con la ayuda del pasado" (…) "hago este esfuerzo de memoria para hablar de la Argentina de los Montoneros, de la dictadura y del terror, desde la altura de la niña que fui" (…) para "olvidar un poco" (Alcoba 12). Escritura como vaciamiento del recuerdo, del deseo que no hace otra cosa que el

---

[67] Diana Teruggi, referente histórico del personaje, asesinada en el operativo el 24 de noviembre de 1976, había sido madre en agosto de ese año de Clara Anahí Mariani, desaparecida ese mismo día, también nieta aún no recuperada de Chicha Mariani, que falleció en 2018, sin conocerla, después de buscarla durante cuarenta y dos años. Ver https://www.abuelas.org.ar/caso/mariani-clara-anahi-3

movimiento contrario, recordar. El lugar de los hechos es, en efecto, un estímulo para la memoria, su materialidad funciona como vínculo entre el pasado y el presente para construir una narración "fidedigna", intermedia entre lo testimonial y la novela.[68]

Es así que la casa, como anclaje de la memoria, ocupa un lugar central en estas narraciones. Y la memoria en tanto problema en la vida pasada del militante se perfila como paradoja que anuda los hilos de lo narrado. Qué se hace con la memoria, cómo se la controla a través de reglas mnemotécnicas o de bloqueo que no siempre funcionan, cómo la información que en ella se almacena deviene, en el CCDT, valor de cambio (datos por vida o la vida por nada) son cuestiones que van trazando un mapa de la novela de la guerrilla urbana que se está escribiendo los últimos diez años.

En primer lugar surge el problema del nombre propio: la regla es ser nadie para el otro (Feijoó 34), el compañero o el torturador. Tanto la dirección del hogar que se ha dejado atrás en la identidad anterior a la situación de clandestinidad como la de la casa operativa utilizada para vigilar las acciones de un objetivo al que se deberá asesinar (el general Sánchez) no deben ser recordadas. En los términos en los que se lo plantea Van den Abbeele, se trata de la disolución del *oikos*, del anclaje funcional al operativo de la organización armada, en este caso las F.A.R. Van den Abbeele (XVIII) ha propuesto que la economía del viaje requiere un *oikos* (expresión griega de la cual deriva la palabra "economía") en relación al cual cualquier peregrinaje pueda ser comprendido. Un hogar, una tierra desde la cual partir de viaje y tener esperanzas de regresar debe ser establecido: un *oikos* o *domus* es lo que domestica el viaje al adscribirle ciertos límites. Un viajero piensa en su viaje en términos de punto de partida y regreso. El hogar, antítesis del viaje, es el concepto a través del cual el viaje es "oikonomizado" como un lugar común.

Celeste, la militante católica que no sobrevivirá al asalto de la patota paramilitar se crea una topografía sentimental ("una topografía de afecto y familiaridad") que le permite enfrentar la disolución del *oikos*: "Desde que se incorporó a las FAR y aunque sigue viviendo en el mismo sitio, ya no dice *mi casa*. Dice ahora *la casa de mi mamá*, sin reparar en que acomodó su lenguaje al vuelco que ha dado su vida" (Feijoó 138, cursivas

---

[68] Para una lectura de la crónica de Marta Dillon, *Aparecida* (2015), en la que la autora narra la recuperación de los restos óseos de su madre, desaparecida durante la dictadura militar, en un tono que se aleja del estatuto de verdad cuando recurre a elementos góticos, ver Torre (2018).

del original). Y además, es imperativa esa disolución: "Al terminar la tarea cruzarán el umbral de la casa sin mirar atrás. No podrán recordar, ni saber ni decir" (139). Se plantea la paradoja de la memoria del militante: "recordar distrae y atonta", en contraposición al proyecto de escritura de Manuel, un H.I.J.O., que escribe para recordar.

A la memoria se la puede "refaccionar", como a una casa: es posible aplicarle un "tabique" para mantener oculto un dato. Si las fuerzas militares y parapoliciales construyen tabiques, levantan paredes y modifican antiguos garajes, hospitales y dependencias estatales para convertirlos en centros clandestinos de detención, tortura y exterminio, el militante puede construir también tabiques en la memoria, ponerse una venda en los ojos de la mente para no delatar a los compañeros. Eso es tabicar la identidad: la casa operativa está "tabicada" (la dirección no debe ser memorizada por sus moradores o quienes firmen el contrato de locación para usarla en un operativo), también lo están las identidades de los militantes. Si Celeste *habla*, cuenta la "verdad" cuando se produce el reconocimiento de la identidad "real" de Felisa (que en la convivencia descubre es la hermana de su novio), será "destabicada" y eso va contra las leyes de la Organización. La camaradería entre las mujeres, de todos modos, burla el autoritarismo de los militantes varones y revela el secreto, que sólo conocerán ellas. Sin embargo, si "mientras tanto la dirección de la regional había movido a los compañeros en peligro a las casas tabicadas" (p. 158), ni eso ya impedía la llegada de la policía. El error que precipita la masacre es tal vez la dirección de la casa operativa que conoce un militante secuestrado (el Peregrino) y que probablemente haya sido *cantada* en la tortura. La figura de la traición aparece entre los compañeros y provoca una tensa discusión.

Y es que el viaje del militante es un viaje que no se plantea retorno: se borra el punto de partida pero queda la huella mnémica de la infancia y de la madre, *oikos* por excelencia, en la confusión requerida de la memoria. A las casas operativas los hijos de los militantes vuelven después, treinta o cuarenta años más tarde, cuando la infancia es sólo recuerdo y debe ser revisada. A los viajeros itinerantes les ha sido hurtado el cuerpo, la vida, de campo en campo, y ya no regresarán ni a la casa operativa –por supuesto sólo una parada en el camino- ni mucho menos a la casa natal. Aun cuando el concepto de hogar, punto de partida pueda ser establecido (sólo) retroactivamente.

La lógica de los CCDT y E propuso una economización, un faenamiento de mentes y de cuerpos casi sin reaprovechamiento de costos porque los colaboracionistas o los "quebrados" tenían una funcionalidad inmediata y efímera: proporcionar un dato, realizar un reconocimiento. El movimiento contrario fue una deseconomización: un volver fantasma, un asordinamiento de la identidad, una imposibilidad de retornar al *oikos*, una "desaparición", un relato silenciado.

Los espíritus de desaparecidos con los que hablan las protagonistas de "Cuando hablábamos con los muertos" (Enriquez, *Los peligros*) piden datos a los vivos que los convocan porque han perdido el rumbo, tanto en el mundo del *más acá* como en el del *más allá*. Exigen una dirección, una ruta a seguir: están perdidos, desarraigados, sin rumbo. A pesar de que el grupo de chicas adolescentes, munidas de una ouija, se concentra, les resulta difícil

> hablar con los muertos que quería(mos). Daban muchas vueltas, les costaba decidirse por el sí y por el no y siempre llegaban al mismo lugar: nos contaban dónde habían estado secuestrados, y ahí se quedaban, no nos podían decir si los habían matado ahí, o si los llevaron a algún otro lugar, nada. Daban vueltas y después se iban. Era frustrante (*Los peligros* 216)

Después de intensos interrogatorios, uno de los espíritus, presuntamente antiguo vecino de una de las chicas, alcanza a decir el nombre del CCDT y E en el que estuvo detenido y "se va". Otro alcanza a responderles que no contestaban dónde estaban sus cuerpos "porque no sabían dónde estaban, entonces se ponían nerviosos, incómodos: pero otros no contestaban porque alguien les molestaba" (Enriquez, *Los peligros* 217). Sin embargo, lo más sorprendente narrado por la protagonista, el suceso propiamente terrorífico, es lo que podría denominarse una materialización de una de estas presencias inmateriales en la forma del hermano de la anfitriona de la casa donde se reúnen alrededor de la ouija. Llegado sorpresivamente a la madrugada, en el medio de la sesión, lo que la Pinocha llamará "esa cosa" -luego de acompañarlo a su pedido a bajar algunas cosas de su auto y comprobar, aterrorizada, que no es su hermano- se ocupará de cumplir una misión un tanto confusa para las amigas: dejar en claro que la Pinocha es la que está "de más", por no tener ningún familiar o amigo desaparecido. Mientras ella está en la calle con quien simula ser su hermano, la copa gira sola en la mesa y escribe la frase "ya está". Este suceso tiene como consecuencia el fin de las sesiones -celebradas en una casa del conurbano bonaerense, con varias habitaciones y aberturas-, entre otras cosas, porque provoca una crisis en la anfitriona, quien no puede olvidar el brazo gélido que el impostor posó sobre su hombro. La Pinocha no sólo cruza el umbral de la casa sino el de un límite que la razón no debe atravesar: los padres acusan a las amigas de haberla dejado "medio loca" con lo que creen una "broma pesada" (221).

## Murallas y alambrados

Los motivos del gótico vuelven en estas novelas para decir otra cosa, otro miedo que se entrama en la maquinaria de la guerra, un miedo con raíz política: umbrales, marcos, espacios del miedo, contigüidad de lo ominoso con lo cotidiano, un nuevo terror urbano o lo siniestro que regresa como lo no dicho. El despliegue de armamento de la guerrilla urbana sobre la mesa debajo de la cual juega un niño de cuatro años en *La casa operativa* y la convivencia de un revólver en el mantel sobre el que merienda una nena de siete en *La casa de los conejos* son dos escenas que se reiteran en las ficciones de los años de la guerrilla urbana y que, estratégicamente señalan un dato y establecen tácitamente un juicio. La huida de la madre del protagonista de la novela de Feijoó por los fondos de la casa con el niño a cuestas parece indicar que el miedo se construye por la contigüidad de los opuestos: la lógica de la guerra los une.

La casa ofrece una cuadrícula delimitada en la que el miedo cobra protagonismo. Tanto el miedo del comando parapolicial al entrar, al tiempo que cometen un error táctico, como el de los militantes, atrapados en la morada que debía brindarles protección, se conjuga en sus gestos, sus decisiones, su cerrado itinerario por lo que a veces parece ser un plano cinematográfico, una mirada desde arriba (Feijoó 48, 49, 50). Así, siguiendo con los elementos góticos que acompañan habitualmente a las antiguas mansiones en los relatos de terror decimonónicos, la casa operativa es una fortaleza agujereada por umbrales de escape cuya inocencia aparente la hace propicia, justamente, para el operativo:

> di con una casita modesta, con un cuarto, una sala, cocina, baño, un local adosado con su puerta al frente tapiado, y un patio grande al fondo, cerrado con una pared perimetral. Me pareció apropiada para casa operativa. (51)

El muro medianero, el alambrado roto posibilitarán la fuga de Dardo, Felisa y su hijo, que vivirá para contar la historia treinta años después. La misma casa, desde la perspectiva del operativo policial, se transforma en la trampa gótica a través de estrategias y tácticas puestas en práctica por la "patota". El ingreso del grupo está construido como un asalto a una fortaleza, ralentado en infinidad de capítulos que detallan cada movimiento del comando. El abandono del reducto, la fuga por el baldío y la salida al afuera, el gesto de ablución de Felisa y el niño con el agua de la zanja también parecen sobreescribirse en las marcas del relato de terror porque la huida de las garras del monstruo es sólo aparente: Felisa será recapturada en otras circunstancias históricas, derivadas de las narradas durante su estadía en la casa operativa, en 1976.

En la dialéctica del adentro y del afuera también se juega el estar o no comprometido con la "Orga". Felisa, por ejemplo, pasa del PRT a las FAR y Celeste de la militancia misional católica a la misma agrupación. La Orga es el "palacio", el "vientre de la ballena" (Feijoó 71) para Dardo, pero las mujeres desconfían de esa familiaridad y adivinan elementos disruptivos, señales de que algo no funciona en las discusiones y el dogmatismo de los hombres que comparten la misión con ellas en la casa. Felisa es "un algo fuera del cuerpo vivo, más allá de la fortaleza" (71).

La casa es una especie de cronotopo donde espacio y tiempo anudan la trama narrativa y se regula la intensidad de lo vivenciado: en el presente de la escritura, en la casa de Dardo, ex militante de las FAR sobreviviente de la masacre, el tiempo ha quedado detenido, observa el narrador. Ocurre lo mismo en la casa operativa, donde tiempo y espacio parecen anudados: "la horas se arrastran" (232). Desde la perspectiva de Celeste, la estadía en este espacio también está cargada de irrealidad y lentitud ("esa casa flota como una modorra de la que quiere salir para volver con sus compañeros de la Villa", 135).

## Topología del militante

La dialéctica del espacio público y privado va escandiendo estas narraciones. En *La casa de los conejos*, cuya acción se ubica en La Plata, en 1975, la casa operativa está ubicada también en las orillas de la ciudad: es el paraje aislado del gótico. El terreno baldío es también un espacio del gótico (con)urbano, en contraste con la casona antigua del centro que habitan los abuelos de la narradora y la torre de hormigón y cristal, donde viven la niña y su madre, que representa máxima exposición para la acción clandestina, por lo que debe ser abandonada. Clandestinidad y periferia van de la mano: la casa peronista de las ilustraciones de los libros escolares aparece resignificada aquí como escondite-trampa y no doméstica contención maternal.

En la novela de Alcoba el altillo secreto es el recoveco donde los padres esconden "periódicos y armas", otro secreto que la protagonista entonces niña deberá guardar. En oposición a la casa operativa elegida para imprimir el periódico clandestino "Evita montonera", la plaza es el lugar más público que esconde lo clandestino (privado). Encuentros disimulados entre padres e hijos, abuelos y nietos resignifican los espacios infantiles del juego. En *La casa operativa* el afuera revista una migrancia permanente: la estación de trenes para contactarse con otros militantes, el recorrido del barrio para viajar hasta la oficina de correo a buscar la carta de la pareja, el "compañero" militante, la calle donde se secuestra un auto para realizar un operativo y el lugar de donde viene la fuerza militar opuesta a liquidar a los integrantes de las FAR que esperaban la orden para abandonar la morada. La simulación en la estrategia de la guerrilla urbana es fundamental: su camuflaje hecho de signos lingüísticos y gestos es la defensa operativa de los ojos vigilantes del Estado controlador.

El portal como elemento de comunicación con lo otro siniestro, también de frecuente uso en el género gótico, tiene su representación en la novela de Feijoó en el "portón de metal, de hierro forjado, negro, los vidrios traslúcidos y granulados, la entrada del garaje" (139). Aquí no se trata de una dimensión sobrenatural, sino de la cruda realidad de la ofensiva militar que asaltará la casa: la opacidad del afuera, tan ajeno a la guerra silenciosa, se materializa en el velado del vidrio.

Topología y tipología del militante. La casa de *La casa operativa* es, de las casas enumeradas por Negroni, precisamente la "casa cantada por un quebrado" (el Peregrino), sospechado de delatar su dirección, cuestión que introduce el tema de la traición. La figura del traidor (protagonizada también por el Ingeniero que construye el "embute" en *La casa de los conejos*), del quebrado y de la "que está de más" por no ser familiar de desaparecidos (la Pinocha) en "Cuando hablábamos con los muertos" componen la lógica del adentro y del afuera de la organización, de la casa, del grupo. Se desplazan como en dos dimensiones simultáneas que, en la lógica taxativa de la militancia, no admiten lugar.

**Las casas fantasmas**

Por último, el fantasma es esa figura huidiza pero de presencia ominosa que remite a lo reprimido, la historia no contada, la materialidad ausente. Un lugar que no tiene lugar. En el patio trasero de la casa operativa de Rosario hay una "huerta de fantasmas inmóviles y frutales" (Feijoó 212) y el fantasma de un compañero que las noticias blanquean como muerto en un "enfrentamiento", la pareja de Celeste, se "aparece" frente a ella a poco de comenzar el operativo policial que terminará con su vida, como en una despedida. Los cuerpos habitados por otras subjetividades ajenas a las "originales" atraviesan el espacio y aterrorizan en "Chicos que faltan" y "Cuando hablábamos con los muertos", señalando con su fría pregnancia el revés de otras historias que no han sido contadas: por qué esos cuerpos faltan y por qué esas voces de otro lugar indeterminado preguntan por ellas mismas, refrendando el enigma de su paradero, de la parte de su historia que sus familiares desconocen y que se pierde en las celdas de los CCDT y E ya destruidos.

## Los espacios irregulares de Mario Levrero[69]

Gran parte de los relatos escritos por el autor uruguayo Mario Levrero, en particular en las décadas de 1970 y 1980, ponen en primer plano la cuestión de la construcción del espacio en la ficción.[70] Se trata de un espacio distorsionado, dislocado, trabajado por el tiempo y la subjetividad de los personajes. Los pasajes, las casas abandonadas, entre otros motivos fantásticos resignificados, muestran que encajarse, distorsionarse es en vano, porque los protagonistas no entran en las cuadrículas que ofrece la realidad ni la vida en sociedad. El resultado de esa incomodidad es la disolución social («Gelatina» o «Capítulo XXX», por ejemplo). Pero una disolución social —narrada a veces de manera muy naturalizada— que pone el centro del desajuste en el sujeto y no en los aparatos estatales.

El estado de catástrofe permanente contribuye, por otra parte, a crear un clima postapocalíptico propio de la ciencia ficción, efecto que ha empujado a algunas lecturas críticas a incluir al autor llanamente en la literatura de género. No siempre permanece, sin embargo, en ese marco, porque el absurdo y el grotesco son lente deformante no muy características de la ciencia ficción, sino más bien del fantástico ("Noveno piso", "La máquina de pensar en Gladys" y su "negativo", entre otros cuentos).[71] El mundo de lo microscópico y de lo minúsculo aparecen focalizados en algunas ficciones: calles, casas, sótanos, cañerías, hombrecitos. Lo hiperbólico y lo mínimo, dos modos opuestos que articulan algunos pasajes narrativos, son dos variantes más propias del fantástico y del absurdo.

Pero ningún género es muy estricto en sus límites porque la narrativa de Levrero los desborda a todos. Algunos relatos de *La máquina de pensar en Gladys*, *Espacios libres* y *El portero y el otro* serán el eje de esta lectura que busca examinar la figura de la contorsión (de una adaptación momentánea y forzosa al espacio dado) y plantear que el espacio es estructurante del absurdo. También es posible pensar cómo en la narrativa de Levrero

---

[69] Con algunas modificaciones, esta lectura fue publicada en *Brumal. Revista de investigación sobre lo fantástico*, Vol. 4, Núm. 2, 2016, Universidad Autónoma de Barcelona.

[70] Para una ubicación en el contexto de la literatura uruguaya de la narrativa de Mario Levrero (uno de los seudónimos de Jorge Mario Varlotta Levrero, Montevideo, 1940-2004) ver Fuentes.

[71] "Lo cierto es que la literatura fantástica, como la ciencia ficción, se maneja con parámetros que encajan mal con la literatura de Levrero, quien ampara toda su obra bajo el manto del realismo", señala Ignacio Echevarría en "Levrero y los pájaros" (Silva Olazábal 174).

la categoría conocida como *world-building*, de frecuente uso en la ciencia ficción, se recrea para volver evidente un desajuste que la literatura transforma en relato.

## Mundos laberínticos

> No se trataba ya de mitología o literatura, ni de trampas animales por el estilo de las telas de araña, sino de la realidad misma en lo que ella tiene de laberinto y de trampa, con sus monstruos y sus víctimas.
>
> Mario Levrero, "Los laberintos", *Espacios libres*

El concepto de *world-building* ha sido utilizado para comprender cuestiones del orden de la representación sobre todo en la ciencia ficción. Con él se designan procesos narrativos que comprometen la construcción de culturas más próximas que alternativas, o la apropiación competitiva de un terreno nuevo. Se han discutido las estrategias comprometidas en el *world-building*, tales como la combinación de detalles verosimilizadores y hechos científicos en la construcción de mundos, fundamentalmente en la ciencia ficción *hard* (Seed 4). Seed vincula este concepto con el de *cognitive mapping*, de Frederic Jameson, que describe la operación por la cual el lector descubre y grafica relaciones entre personajes y diferentes aspectos de su ambiente.

Los mundos de Levrero están construidos con fragmentos del cotidiano pero sin camuflar. No necesitan de teletransportadores y prescinden de una fuerte marca especulativa. No hay una orientación del narrador que lleve al lector a reconstruir un mundo armado en función de un verosímil atravesado por una lógica emanada de premisas contrafácticas, es decir, la exploración de mundos alternativos, como ocurre en gran parte de las narraciones de ciencia ficción (Frabetti y Paramio). Hay más bien una desorientación producto de las ramificaciones que experimentan narradores y personajes, perdidos en laberintos de planos y dimensiones.

Pueden visualizarse algunos procedimientos más evidentes de trabajo con el espacio en los cuentos de Levrero. Propongo una breve lista tentativa: *distorsión, contorsión, inadecuación, derivación*, todos articulados alrededor de la construcción de un mundo ficcional que se desentiende de la representación mimética y ensaya otros modos de jugar con la materia narrada. La pérdida y la suspensión de algunos finales puede leerse, a su vez, como otra clase de respuesta al laberinto de lo real.

## Dislocación

Dis-locar implica sacar algo de su lugar, del lugar que le ha sido asignado acaso naturalmente —como el sitio que debe ocupar un fémur, por ejemplo—. Levrero no solo juega a pensar otros espacios, otras dimensiones sino que recombina y hace estallar la percepción tridimensional con la que nos manejamos. Los protagonistas pasan de un espacio a otro, a veces violentamente, como el acto de dislocar un hueso. Pongamos por caso "Novela geométrica" (*El portero y el otro*): allí la materia misma aparece tematizada. Se trata de la descripción de un mundo bidimensional de planos que se intersectan e interactúan con el cuerpo del narrador. El pasaje de esa dimensión a la tercera se concreta con la vuelta a la vida cotidiana. El acontecimiento es un suceso geométrico, es la génesis de un mundo de imágenes y palabras en el papel, casi metalenguaje del origen del texto alrededor de Beatriz, centro de ese universo dentro y fuera de la geometría. Se podría afirmar que "Novela geométrica" —uno de los relatos que menos gustan a su autor (Saurio)— habla sobre el acto creador mismo pero también sobre cómo el mundo que percibimos está hecho básicamente de formas con las que interactuamos y que pueden desencadenar, en un descuido, un cataclismo individual del que es difícil volver.[72] "Un paso en falso me llevó a deslizarme por el plano inclinado y perder de vista a Beatriz... Mi cuerpo se contorsionaba, tratando de frenar la caída, y por el calor del roce, que me desgastaba la ropa y me producía dolorosas quemaduras" (Levrero, *El portero y el otro* 39). Ese paso en falso priva al narrador de la compañía de la mujer deseada y lo hace ingresar en un espacio tiempo diferente. La contorsión es un intento de adaptarse momentáneamente, aunque en vano, a esa nueva estructura: "es difícil hablar de la luz, del espacio y del tiempo en aquel lugar", espacio al que describe momentáneamente como "un vasto lugar repleto de figuras geométricas, predominantemente polígonos". Pero todo está sometido a constantes cambios. En un momento el narrador arriesga una hipótesis casi relativista desde la Física y, desde la teoría literaria, similar al concepto de cronotopo de Bajtin:

---

[72] Casi una perspectiva gestáltica, teoría que plantea la percepción de *totalidades* y que cada parte pierde el valor que tiene en el contexto y, posiblemente, sus cualidades al ser retirada del mismo.

> La forma de referirme al tiempo es relacionándolo con el espacio recorrido, pero en ese espacio totalmente uniforme, aparentemente infinito, esta relación no ayuda mucho. Sólo me quedaba la referencia de mi propio cansancio, de mis ritmos vitales, de mi envejecimiento; pero a poco noté que tampoco eso tenía un significado allí. No sentía hambre ni sed, y mi cansancio físico y mi envejecimiento estaban en relación directa con mi ansiedad. Cuando lograba liberarme de la ansiedad, me sentía joven y descansado; cuando me atacaba el anhelo de alcanzar de una vez por todas la superficie, podía envejecer años en pocos minutos. (Levrero, *El portero y el otro* 41).

Más adelante, inclusive, se hace referencia a un "tiempo vertical" que se halla en un círculo, en el que se detiene a leer historietas cuyos dibujos parecen tener vida propia ("algo parecido al cine"). La imagen-movimiento que se sucede entre capa y capa que arranca el narrador lo lleva a reencontrar la imagen de Beatriz, transformada en una *imagen que grita* (*El portero y el otro* 50).[73] De ese mundo bidimensional sale a través de un sueño hacia otro, tridimensional, del que se desplaza por medio de otro sueño a un «pequeño planeta» donde lo recibe un cura que no es un cura. Si las apariencias son un tema recurrente en Levrero también lo es la forma de representarlo: las capas y capas de papel que se suceden hasta dar con el plano real que, evidentemente, nunca será el definitivo.[74]

Al mundo de origen, donde está Beatriz, se regresa por un acto de volición: es lo que el cura lo ayuda a comprender. De ese lugar "inmundo" sale por voluntad propia y regresa al punto de partida, el traspié, el mal movimiento. El ingreso a ese extraño "in-mundo" sucede tal vez en algunos segundos contados como eternidades y, pese al llamado de Beatriz, el narrador se aleja por el bosque y se sube a un ómnibus, se desplaza, no se queda junto a la mujer que había estado buscando. Una vez más, nada es

---

[73] Sobre la importancia de las imágenes en el proceso creativo, ver la entrevista de Pablo Silva Olazábal, "Se escribe a partir de vivencias", en Silva Olazábal (17-29), y Julio Prieto, "El discurso y el dibujo: apuntes sobre la bizarra imaginación de Mario Levrero", en Vecchio.

[74] Algo similar sucede en el picnic organizado por los moradores de "La casa abandonada", quienes descubren un paisaje campestre en una habitación tras rasgar varias capas de empapelado.

lo que parece, nada tiene la lógica de lo esperable sino más bien la lógica de la espera, de la suspensión.

En "Precaución" (*El portero y el otro*) hay una dislocación del espacio del relato: todo se ramifica en notas al pie de un enunciado mínimo que ocupa un párrafo al comienzo. El "teratoma" es el texto parásito que termina ocupando todo el espacio, corriendo al texto base, es el gemelo no desarrollado que prolifera alrededor de él, sacándolo de lugar. Se trata de un texto vivo que se come al primigenio, como en "Nota al pie", de Rodolfo Walsh. La dislocación compromete un corrimiento de centro, un desplazarse hacia un margen o hacia otro lugar.

El texto madre de "Precaución" comprende, gramaticalmente hablando, una sola oración. De ese sintagma se derivan dos notas al pie que, a su vez, son anotadas con un sistema sin dudas arbitrario (signos de puntuación multiplicados o de suma y resta, por ejemplo) que invita a pensar en el avance permanente de las digresiones y acotaciones (procedimiento que moviliza el texto hacia el final y a su vez inmoviliza al texto madre, lo cerca). Las notas se detienen justo cuando la última es remitida con el signo de copyright (©, que a su vez refiere el permiso de copia y el resguardo legal de la autoría) y aporta una anécdota de Jerome K. Jerome, un autor en cuyo nombre habita ya la duplicación. El teratoma, esa "especie de hermano mellizo que no tuvo la fortuna de desarrollarse por completo y en forma independiente" (Levrero, *El portero y el otro* 74), disloca, saca de lugar al texto madre, mejor dicho, ocupa su lugar, el del la relación sobre el monstruo (*teratos*) que termina desplazando a la mesurada prevención del comienzo ("Antes de emprender cualquier empresa de cierta importancia, uno debería asegurarse de que no posee teratomas de ninguna clase", 73).

## Contorsión

De modo que podemos pensar que en Levrero nunca hay un camino recto: se prefiere la derivación. Y la contorsión, ese movimiento convulsivo de torsión que no implica un quiebre, es un procedimiento que le sirve para realizar esa firme militancia por lo tangencial. El *Diccionario de la Real Academia Española* define "contorsión" como un "movimiento anómalo del cuerpo o de parte de él, que origina una actitud forzada y a veces grotesca". Es decir que ese movimiento indeseado e inesperado va unido a una situación grotesca y, desde ya, al desenlace hilarante. Una buena muestra de esto es el gesto de la contorsión tan humorísticamente representado en "Feria de pueblo" (*Espacios libres,* 1987).

La figura de la contorsión —adaptación momentánea y forzosa al espacio dado— que articula este relato asume la forma de un dispositivo narrativo en algunos textos. Keizman señala que

> Por una parte, la descripción del macabro espectáculo de la bella Otero, que deformará su cuerpo, lo estirará, convertirá sus senos en manos, tocará piano, se plegará y deglutirá a sí misma, lleva al límite las posibilidades de relación entre la descripción y lo verbal, el espacio en que la materialidad imposible de ese cuerpo se corresponde con una materialidad posible del discurso. El efecto es asombroso no solo por la imposibilidad y perversión de lo que describe —la monstruosidad de las operaciones del cuerpo— sino por el carácter elástico, de deglución y mitosis en que el organismo pierde sus cualidades humanas. A la imposible expansión visual se corresponde un desarrollo lingüístico posible, que efectivamente atrapa al lector y domina en extensión el relato. (s/p)

La suspensión de la decisión que toma el protagonista en el movimiento final ("en el aire (...) tomé la resolución", Levrero, *Espacios libres* 154) es otra más de las contorsiones que hace la narración para evitar el final redondo del cuento clásico.

El cuerpo del narrador de "Novela geométrica" también se contorsiona —voluntariamente— para tratar de adaptarse a ese mundo extraño al que cae. La con-torsión implica decidir rápidamente un movimiento sobre la marcha que, en el caso que nos ocupa, frecuentemente no conduce a ningún lugar estable porque, planteado el mundo como absurdo, el cambio de perspectiva permanente y la movilidad funcionan como posibles estrategias de supervivencia del protagonista.

"Nuestro iglú en el Ártico" trabaja con la desopilante lógica de Lewis Carrol, de dimensiones absurdas y viajes imposibles dentro de las leyes naturales: a través de una tubería de un bajo mesada, por caso. La idea que del otro lado de un caño hay un mundo insólito comunicado por un dispositivo cotidiano y exento de complejidad tecnológica no es infrecuente en la narrativa de Levrero. Tampoco lo son las contorsiones y adaptaciones del cuerpo a esos espacios demasiado pequeños o demasiado grandes, demasiado luminosos u oscuros. En las nouvelles *El lugar* y *París* ya aparecían estos desplazamientos a través de interiores "que se extienden indefinidamente" (Capanna, "Las fases"). El tema del viaje y la búsqueda, por otra parte, han sido señalados como elementos recurrentes en sus relatos (Fuentes 34).

## Inadecuación, proliferación: "Todo está hermosamente fuera de sitio"

"La casa abandonada" (*La máquina de pensar en Gladys*, 2011; *Aguas salobres*, 1983) comienza con la ubicación del escenario, del lugar siniestro, extraño, en el corazón de la vida urbana. Es la clave del gótico moderno: lo extraño está a la vuelta de la esquina, no necesariamente en la ruina alejada, en el cementerio. La casa "interesa a algunas personas que caen bajo su influjo" (Levrero, *La máquina de pensar en Gladys* 99). Tanto en su superficie como en los sótanos nada obedece a las leyes naturales.

El espacio subterráneo plantea un problema de inadecuación: "su perímetro parece no coincidir exactamente con el de la casa". Hay una belleza en el desorden o bien en la negación del orden burgués: en la casa, y a instancias de un viento huracanado, "todo está hermosamente fuera de sitio. El comedor queda como cansado, como si hubiera vomitado. Se respira, parece, más libremente" (Levrero, *La máquina de pensar en Gladys* 117). Lo inadecuado aquí es la incapacidad de traducir ese desorden y falta de coincidencias espaciales a las normas de la lógica arquitectónica urbana: hay un resto que sobra, una especie de vacío o de sobra que no puede ser encajado en los límites sintácticos del "sentido común" y que lo desborda y genera una belleza de lo incorrecto.

De ese espacio invisible pero presente parece proliferar un ejército de hombrecitos y mujercitas que son "pocos y eternos y siempre se repiten". Proliferación, repetición, superposición en capas se combinan con los procedimientos de yuxtaposición y saturación, como señala Keizman.[75]

---

[75] "La yuxtaposición y la saturación son estrategias más cercanas al dominio de la visualidad (no porque no existan en lo verbal sino porque allí ocupan funciones ajenas al armado del relato), pero que experimentadas en el universo lingüístico de la narrativa de Levrero son responsables, aunque no exclusivas, de ese efecto de excentricidad y reiteración que domina los cuentos y que muchas veces se engloba bajo la versátil categoría de 'imaginación'" (Keizman, 2013).

Otro caso de proliferación ocurre en "Gelatina" (1968, en *La máquina de pensar en Gladys*). Un escenario postapocalíptico en el cual el protagonista se agrega y desagrega de esa masa informe tan parecida a la de *The Blob* (1958), film dirigido por Irvin Yeaworth, puede ser leído en este relato. Rechazado por Levrero por considerarlo un "plagio involuntario o telepático" de la película (Montoya Juárez 44), resulta un relato fundamental para pensar la cuestión del espacio y de su ocupación.

En "Gelatina" —casi una *nouvelle* por su extensión— los desplazamientos del protagonista de la periferia al centro y viceversa, el ingreso y expulsión de espacios absolutamente ocupados hasta la asfixia (como la escena del bus literalmente repleto de gente) y la casi imposibilidad de salir de ellos señala una preocupación obsesiva por la cuestión de los límites y la comunicación física y verbal con los otros. Lo desbordante y el contacto angustiante con los cuerpos en roce permanente al circular por la ciudad anómica obligan al narrador (al que llaman Marco Tulio o "M.T.") a adoptar una conducta nómade en búsqueda, en primer lugar de Llilli, la constante mujer perdida, pero también, básicamente, un lugar propio que se ha perdido de modo irremediable:

> No me importa caminar mucho, pero el centro, la mayoría de las veces, me deprime; luego, el regreso se hace interminable. Con todo, empecé a caminar hacia allá. Noté que las líneas que marcan el margen de seguridad habían sido corridas nuevamente, y tuve que dar un rodeo (Levrero, *La máquina de pensar en Gladys* 85).

Esa superposición y materialidad de los cuerpos es llevada al absurdo en "Noveno piso" (*Espacios libres*).

La "rueda de la fuente", actividad colectiva que aprueba y rechaza alternativamente el narrador, es una de las tantas escenas grupales que se insinúan en "Gelatina". Las descripciones son escuetas y esquivas porque esos espacios ocupados y compartidos son sugeridos por las sensaciones que le provocan a la voz que narra. El mundo en ruinas y caótico del relato no parece ofrecer "sitios" apropiados para una intimidad que se busca, una huida del pegoteo colectivo, esa otra gelatina que cubre sociabilidades, en cambio, en ese escenario postapocalíptico: "Pero yo no, soy muy delicado, tanta gente me molesta, no puedo dormir sobre otros cuerpos, o sentado, y ese olor". O el indefinido "borbollón": «Había descubierto que si no movía los pies la gente igual me llevaba, y a veces el apretujamiento, los pisotones, el manoseo, me producían un placer masoquista». O el vínculo de pegoteo y desapego con las mujeres:

—Necesito estar a solas, contigo —le dije [a Ma]—. No hay ningún sitio. El túnel no, la catedral no, un lugar limpio y vacío, tal vez las ruinas, pero es peligroso, y me gustaría que hubiese pasto, y árboles, y quisiera estar limpio, yo mismo no me soporto la transpiración, que todo fuera distinto, ¿comprendes? (Levrero, *La máquina de pensar en Gladys* 96).

Pero también la intemperie, a la que Marco Tulio no se acostumbra, es la nota recurrente de esa ciudad con ruinas. Dormir en la plaza no le resulta posible a causa del frío. El nomadismo y el rechazo del *oikos* parecen ser la clave arquitectónica de otro espacio que se construye en este y otros relatos de Levrero, un espacio que está en el propio cuerpo que huye de la inmovilidad, el reposo y los planos rectos. Lo irregular, lo asimétrico, lo que está en perpetuo movimiento configuran un espacio diferente que requiere a su vez un relato dinámico, disparatado y absurdo.

Los "tullidos" —asimétricos, irregulares desde luego— terminan transformándose en una especie de comando zombi, silencioso y de lento desplazamiento, que acaba exterminando a los no afectados. Lo no dicho, la palabra que falta habla para decir la ausencia o la muerte de los cuerpos:

lo cierto es que no me vieron, pero para el caso es lo mismo, tuve que sufrirlo todo, llegaron los tullidos, nos odiaron siempre, eran más que nunca, cientos, los camaradas se defendieron como leones, como tigres salvajes, verdaderas fieras, sucumbieron ante el número, yo sin poder hacer nada, comprendes, soy cobarde, y era inútil... pero inútil, se llevaron todo, desnudaron hasta a sus propios compañeros caídos. (Levrero, *La máquina de pensar en Gladys* 108).

Cuando el grupo que frecuenta el narrador queda desarmado y a él se lo acusa de abandono de hogar y de castigos corporales (cargos cuya realización no es narrada nunca por Marco), parte "en busca de nuevos horizontes". Desplazado por la gelatina, masa arrolladora en su paso que invade el edificio donde duerme, expulsado nuevamente a la intemperie y una vez desarmado el confuso colectivo con el que alterna en el "borbollón" o en la "rueda de la fuente", destrozada al final, el narrador entonces queda liberado y libera, así, al lector del relato.

## Derivación, metamorfosis

La derivación es un procedimiento que conecta una parte con el todo del que procede. La metamorfosis, una de las formas posibles de la derivación, implica una transformación desde una forma material básica que irá alcanzando distintos estadios hasta desaparecer por completo pero, a su vez, conservar algo de ese sustrato primigenio. "Capítulo XXX. El milagro de la metamorfosis aparece en todas partes" (*Espacios libres*) es un relato donde la metamorfosis ocurre de una manera vertiginosa, proliferante, imparable. Muchos de los motivos principales de la ciencia ficción clásica son revisitados y construyen un espacio ficcional en el que prevalece el extrañamiento. El narrador no solo narra la muerte, desmembramiento y mutaciones de un extranjero (motivo del *alien*) que llega a la isla (sistema cerrado) sino que él mismo experimenta una transformación absoluta mientras va contando los insólitos sucesos que protagoniza. Nada obedece a las leyes naturales en la isla o, al menos a lo largo de la narración, lo que se supone natural deja de serlo: la reproducción entre distintas especies, los cambios de estado, la incomunicación entre seres que ya perdieron gestos comunes. Un espacio abierto termina convirtiéndose en primera instancia en un camino sin salida a otro estado y finalmente a la liberación, a la «verdadera vida».

Relatos como "Capítulo XXX" podrían considerarse en la línea de "Feria de pueblo" por las mutaciones a las que se ven sometidos algunos personajes pero el universo imaginario antimimético construido es tan fuerte que es posible pensarlo más vinculado a "Novela geométrica", donde el espacio estructura el sentido, así como la isla y sus habitantes terminan naturalizando las diferentes metamorfosis experimentadas.

## Hacia una consideración final: los zapatos usados

Afirma Kohan (De Rosso 120) que en el acto de dejar la casa en Levrero hay un abandono y una "renuncia radical, que es también un lanzarse hacia afuera". Es, a la vez, un "acto de entrega a la ciudad". En la arquitectura de los espacios levrerianos, estructurados por la lógica del absurdo, de la pérdida, de la deserción de la vida doméstica y apacible puede entreverse el hilo que conduce al centro del laberinto de lo real. No es que pretenda entender ese abigarrado lienzo sino aliviar la inquietud que provoca anunciando su complejidad. Esa postulación casi siempre pesadillesca, no obstante, se relativiza en un gesto que vuelve a la torsión más sobre sí misma cuando se la coloca en serie con las palabras del autor: "la realidad representada por Levrero... nunca se presenta 'deformada' ", observa Echevarría, y sostiene esta afirmación con la opinión del escritor al respecto:

> Ese suele ser un recurso de la ciencia-ficción. Yo no hablaría de la 'deformación de la realidad' en mis textos, sino más bien de subjetivismo... Me hacés pensar en los zapatos que están en una vidriera y en los que están 'deformados' por el uso. ¿Le llamaría (sic) 'deformados' a los zapatos que usás? ¿Son más 'reales' los de la vidriera? (174-175).

Si no hay "deformación" de lo real en el mundo levreriano lo que se ensaya es, por lo menos, otra posibilidad de representación en la que el absurdo se constituye a partir de un minucioso trabajo con el espacio en la narración.

## Rupturas y violencias en *El núcleo del disturbio*, de Samantha Schweblin[76]

Algunas de las preguntas que surgen luego de leer *El núcleo del disturbio* (2002), de Samantha Schweblin, son ¿dónde está ese núcleo? ¿Cuál es el disturbio? Y si hay un núcleo hay una periferia, tanto como que si hay disturbio hay un orden resquebrajado.

Los cuentos del primer libro publicado por la autora forman un conjunto que compone una delicada pieza de relojería en la que cada suceso es un engranaje y cada final catapulta al lector a la duda, al asombro, a la desazón o a cuestionar un estado de cosas que en su punto de partida reelabora su realidad.[77] Se presenta un mundo ficcional en el que lo fantástico irrumpe en una aparente calma y normalidad, el umbral de lo irracional ya rozado por lo ominoso. En ese mundo liminar los signos de lo que sobreviene no siempre son evidentes para todos, a veces el acontecimiento se despliega abruptamente en el cuento.

Como conjunto inaugural de ficciones, *El núcleo del disturbio* plantea una serie de problemas que Schweblin irá reescribiendo en producciones posteriores. En ese sentido, la violencia (hacia las mujeres, de las mujeres, entre hombres, hacia animales) es central. Entre el absurdo, el fantástico y el terror, los cuentos enfocan las tramas en el momento en el que un acontecimiento se precipita para modificarlo todo: la inversión de situaciones en un universo rutinario que reemplaza a otro ("Hacia la alegre civilización de la Capital"), el momento en que se prueba la destreza de un posible asesino ("Matar al perro"), el abandono o rescate en la ruta, escenario privilegiado de los conflictos ("Mujeres desesperadas", "La verdad acerca del futuro"). "Pero algo sucede" parece ser la fórmula verbal, el interruptor mágico que precipita el suceso que promete cambiarlo todo

---

[76] Una versión más breve, en inglés y castellano, salió publicada en el dossier "Autora Destacada: Samanta Schweblin", dirigido por Pablo Brescia, en *Latin American Literature Today*, Volumen 2, No. 1, febrero de 2019.

[77] La edición catalana de *Pájaros en la boca* (Random House Mondadori, 2010) incluye varios de los cuentos de *El núcleo del disturbio*, algunos con modificaciones en sus títulos, como "Hacia la alegre civilización", "Matar a un perro" y "Sueños de revolución". También se volvieron a editar en éste "Mujeres desesperadas", "La verdad acerca del futuro" y "La pesada valija de Benavides". En cambio, algunos relatos de la edición original de *Pájaros…* ("La medida de las cosas", "Última vuelta", "Mariposas" y "El hombre sirena") no se publicaron en esa oportunidad. Seguramente se trata de una estrategia de mercado que tuvo por objeto presentar a la autora fuera de su país de origen.

para salvar a los protagonistas. Sin embargo, como en una escena del teatro del absurdo, se trata casi siempre de una oportunidad perdida: las "decisiones conjuntas", que son las que rescatan a las mujeres despechadas ("Mujeres desesperadas"), a los varados en el pueblito ("Hacia la alegre"...) o a los hombres del bar en "La pegajosa baba de un sueño de revolución" simulan una salvación momentánea aunque la tragedia sea incesante y no haya escapatoria, porque lo que presupone el fin del sufrimiento lo perpetúa: así se construye un efecto de angustia muy cercano al del terror.

Lo colectivo, lo cooperativo, entonces, atisbado como "un sueño de revolución" termina diluyéndose en el horror del inmovilismo que teje la alegre civilización *del* capital. "La ruta es una mierda", le dice Nené a Felicidad, la mujer que, como cientos, acaba de ser abandonada en el camino por su marido en la noche de bodas. Un grupo de "abandonadas" indiferenciado insulta y se burla, desde los pastizales de la banquina, de las recién llegadas ("Mujeres desesperadas"), así como el personal femenino de servicio en "Adaliana" fortalece los lazos del heteropatriarcado en el castillo feudal al ser cómplice mudo de las crueles vejaciones que sufre la protagonista, obligada a llevar en su vientre un hijo no deseado del patrón. Tal vez este cuento sea el único en el que se pone fin a un suceso angustiante: el hijo monstruo de la *monstrua*, la "loca Adaliana", que intenta abortarlo por todos los medios, acaso termine con las felonías del macho abusador. O bien, la madre forzada habrá arrebatado al patrón la posibilidad de criar un "heredero".

La sororidad está prácticamente ausente: en "Mujeres desesperadas", de la situación de abandono en la ruta, solo pueden escapar cuatro mujeres que desplazan de su auto a un hombre que iba a ser dejado por su esposa en el camino pero cuando lo logran, advierten varias luces de automóviles que vienen a rescatarlo.[78] El orden patriarcal queda así indemne. Los cientos de mujeres que gritan e insultan desde lejos, como ánimas en el campo seguirán en ese limbo porque no logran salvarse juntas ni ser socorridas. Las criadas de "Adaliana" solo escuchan los gritos y quejidos de la protagonista pero no salen de sus habitaciones, seguras de que esa noche no les tocará a ellas, también víctimas frecuentes. Entre varones hay cooperación pero, de todos modos, no pueden escapar de lo que les depara la suerte, como ocurre en "La pegajosa baba de un sueño

---

[78] Aunque no está registrado en el *Diccionario de la lengua española* de la R.A.E., el término señala la empatía y la solidaridad entre mujeres que viven en un sistema patriarcal.

de revolución", "El destinatario", "Agujeros negros" y "La verdad acerca del futuro", entre otros. En este último, la escena de abandono se invierte en términos de género.

## Hipercodificación

En "Agujeros negros", donde parece buscarse un tiempo cero, o en "Mismo lugar", otra paradoja témporo espacial, también campea un clima pesadillesco. Una serie de normas que es preciso cumplir y cuyo incumplimiento desencadena desastres constituyen la fórmula perfecta para diseñar un universo ficcional casi completamente rígido y previsible. En el "casi" se cuela el acontecimiento absurdo o azaroso, entonces se filtra lo fantástico. Semillero de sus ficciones posteriores, en *El núcleo del disturbio* comienzan a tomar forma narraciones que oscilan entre espacios distópicos propios de la ciencia ficción ("La furia de las pestes" o *Distancia de rescate*, entre otros textos publicados luego) y la despojada escenografía del teatro del absurdo ("Hacia la alegre civilización"…, "El momento" -reescritura en clave beckettiana de *La espuma de los días*, de Vian-, "Más ratas que gatos") que podrá hallarse en otro registro en "Pájaros en la boca" o "Mariposas".

## La pesada obstinación del patriarcado

> Escondido en la multitud, y de esa forma oculto hasta de la multitud misma, avanza entre los cuerpos eufóricos hacia el núcleo del disturbio.
> (Schweblin, "La pesada valija de Benavides")

Los personajes de Schweblin atisban una anomalía, un desorden desde su perspectiva de normalidad quebrada. Pero ese desorden es distinto del que ellos experimentan.

En "La pesada valija de Benavides" se ubica al protagonista en el primer párrafo a minutos de haber consumado el asesinato de su mujer en la cama de la habitación, sin signos de arrepentimiento y entregado a la tarea de adaptar su cuerpo, "sin cariño", para encajarlo en una valija rígida con ruedas, luego de envolverlo en bolsas de residuos. Se trata del cuerpo de una "una mujer muerta tras veintinueve años de vida matrimonial". Un cuerpo descartable, eliminable, tanto que no tiene nombre. Intuye que pocos comprenderán las razones del crimen, por eso las calla. Inmediatamente se dirige a la casa-consultorio del Dr. Corrales, que está rodeado de sus discípulos en una reunión y de quien es paciente. Confiesa, en privado, que ha matado a su mujer y confunde el hecho con un sueño, tras lo cual el psiquiatra lo aloja en una habitación para encontrar una solución. Al día siguiente, el relato del "incidente", del "problema" que Benavides quiere referir es interceptado por distintas excusas –incluso con el sarcástico comentario de que la esposa del psiquiatra está "muerta" desde que ambos se casaron- hasta que Corrales le pide que abra la valija, frente a la cual, al ver al cadáver, queda "maravillado". Entonces convoca a Donorio, curador artístico, con el fin de obligar a Benavides a exponer la maleta y su contenido como si fuera una *instalación*, aunque el femicida se niegue y busque permanentemente confesar un crimen por el que finalmente parece exigir, inútilmente, una condena. En tono de comedia negra, el cuento anuda varias cuestiones: la cosificación del cuerpo femenino, la complicidad del sistema patriarcal y las recuperadas disputas estéticas por la definición de qué es arte y qué no lo es.

El feminicidio de la mujer de Benavides queda desprivatizado y accede al ámbito público desde el momento que es convertido en arte, instalación y exhibido como objeto ante un grupo selecto –el cual incluye pacientes del Dr. Corrales- que lo decodificará como tal. El cuerpo enroscado y aplastado para hacerlo encajar en la valija sufre una doble violencia y disciplinamiento masculino: el asesinato y el faenamiento para su ocultación y transporte. La apropiación estatal –presente en el ir y venir de los empleados, los "hombres de azul" del Museo de Arte Moderno- concluye por consumar la complicidad de la esfera jurídica, es decir, la negación del delito. "Sumamente irritado, el artista trata de zafarse de los custodios a la vez que grita ¡yo la maté!, ¡yo la maté! Entre la multitud, un par de personas estudian la extraña actitud del artista" (Schweblin 94): el feminicidio es ignorado aun cuando el asesino confiesa a los gritos, su voz se ensordece y se recupera en una economía artística que fagocita la violencia (dos palabras, estas últimas, con las que pretende titular la "obra" el curador). El cinismo de los aparatos estatales de control aquí se posa en dos instituciones, la psiquiatría (el Dr. Corrales, opuesto de aquel tocayo literario suyo que condensaba todos los atributos bárbaros en *Juvenilia*, de Cané) y el museo (Donorio). "La manutención del patriarcado es una *cuestión de Estado*", sostiene Segato ("Femigenocidio" 147), y "preservar la capacidad letal de los hombres y garantizar que la violencia que cometen permanezca impune es *cuestión de Estado*". En un marco alarmante de crecientes crímenes contra las mujeres en la Argentina, este cuento traza una temprana línea hacia adelante, hacia la visibilización de la violencia machista que practicarán colectivos como "Ni una menos" (2015).

Es curioso que *La valija de Benavídez* (Laura Casabé, 2016), película basada en el cuento de Schweblin, ponga el foco en la sorpresa que oculta el equipaje.[79] Al dejar la revelación para el final, el relato cinematográfico gana en suspenso y horror pero pierde su potencia revulsiva, ese efecto de lectura que acompaña la desesperación del protagonista del cuento, cuya voz es desoída por quienes allí aplican las tecnologías del poder. Las instituciones de la crítica de arte y la de la psiquiatría parecen mancomunarse para pulverizar el yo de Benavides y sepultar el crimen por el cual él mismo quiere ser castigado. Así, pasa de ser victimario -la verdadera víctima ha sido convertida en objeto de arte, ultrajada en cuerpo y cadáver, *desempoderada* en el mutismo y en la inmovilidad *post mortem*- a victimizado: lo golpean en la cabeza en dos oportunidades cuando quiere escaparse.

Para Benavides, "la experiencia [de la inauguración] es inédita", se afirma. Al tiempo que recupera aquella idea de que "arte es lo que se denomina arte", de Marcel Duchamp, y plantea cuestiones semánticas como las que suscitaban los *ready-mades* vanguardistas, la "instalación" *creada* por Corrales y Donorio se enfrenta a la confesión de Benavides: la materialidad de la carne muerta, maloliente debería habilitar el carácter testimonial de sus palabras ("Ésa es mi mujer"; "Yo la maté, después sólo quería esconderla"). Y es que precisamente el problema se instala en la semántica porque la declaración del asesino es despojada de su fuerza ilocutiva – confesión judicial- por el lenguaje de las instituciones: no se trata ya de *feminicidio* sino de una *obra de arte*.

Lo público y lo privado aparecen dramática y simultáneamente exhibidos en el momento de la inauguración de la instalación-cuerpo-del-delito: entonces, el *móvil* está borrado o bien diluido en el comentario crítico de Donorio ("El horror, el odio, la muerte, laten con fuerza en sus pensamientos"), y el *modus operandi* está sugerido por el mismo Benavides ("Yo, yo la maté, así —Benavides golpea el piso con los puños cerrados—, así"). Cuerpo que avanza entre cuerpos en la aglomeración de curiosos espectadores, el de Benavides, sudoroso, temeroso y asombrado por lo absurdo de la situación –la ausencia, en las reacciones del psiquiatra y del *marchand*, de repudio o castigo por el crimen cometido-, refrenda un perverso orden social; el cuerpo de una mujer no vale sino en su carácter de mercancía, como pura carne anónima reciclada, como materia prima de una obra de arte. Así, convertida en víctima y luego en objeto de contemplación, asegura los lazos que anudan patriarcado y violencia:

---

[79] También hay un cortometraje sobre "Matar al perro": *Matar a un perro* (2013), con guión y dirección de Alejo Santos.

al sospechar que su victimización cumple allí con la función de proveer el festín en que el poder se confraterniza y exhibe su soberanía, discrecionalidad y arbitrio, entendemos que algo muy importante debe seguramente depender, apoyarse, en esa destrucción constantemente renovada del cuerpo femenino, en el espectáculo de su subyugación, en su subordinación de escaparate. Algo central, esencial, fundacional para el "sistema" debe ciertamente depender de que la mujer no salga de ese lugar, de ese papel, de esa función. (Segato, "Patriarcado" 106)

El horror que se oculta tras ciertos postulados estéticos del arte contemporáneo reaparece en su última novela, *Kentukis* (2018), relato astillado de la globalidad sobreactuada por internet en un mundo de desigualdades desmesuradas. Una de las historias narradas con mayor minuciosidad es la de Alina, una mujer mendocina que sigue a su pareja, Sven ("el *artista*"), a una residencia artística cerca de Oaxaca, México. Los kentukis son dispositivos con formas de peluches simpáticos que contienen una cámara filmadora y pueden desplazarse cerca de sus "dueños" al ser manejados desde lugares remotos e interactuar con una terminal de computadora en lugares del mundo casi nunca revelados por los usuarios. El relato se focaliza en la violencia que Alina ejerce con el dispositivo en respuesta a lo que toma como voyeurismo e intromisiones en su intimidad y narra en segundo plano la distante y tensa relación afectiva entre Sven y Alina. Como en "La pesada valija de Benavides", la novela termina con la inauguración triunfal de la instalación del "artista", que no es otra cosa que una serie de salones en los que se proyectan escenas cotidianas de usuarios de kentukis, quienes circulan permanentemente entre el público o están colocados en sus bases. En una de esas salas Alina asiste al registro fílmico de su propia vida, obligada así a practicar un distanciamiento inmediato con respecto a su brutal relación con el kentuki y, por ausencia, con su pareja ya en evidente decadencia. Sven la expone ante el público que, horrorizado o indiferente, reconoce en ella a la mujer que mutila al muñeco (manejado, ahora sabe, por un niño al que se puede ver en una pantalla paralela), se desnuda ante él y le daña los ojos-cámara. Su cuerpo, entonces, deja de pertenecerle:

> Pero se quedó donde estaba, se sentía tan dura entre la gente, los círculos y los kentukis, que su cuerpo le pareció una nueva clave en la exposición. Sven la había exhibido en su propio pedestal, la había separado tan pulcramente en todas partes que ahora

ella no sabía cómo moverse. Un hormigueo le pinchaba todo el cuerpo, incluso dentro, en el pecho, y se preguntó si no estaría dándole un ataque; de nervios, de pánico, de furia. (Schweblin, *Kentukis* 219)

Esa instalación ejerce la violencia sobre el cuerpo de Alina de manera directa: la amordaza, la paraliza, no puede ni siquiera gritar para decirle a Sven que tenía planeado irse del país en el próximo vuelo para no verlo más. Su cuerpo, cosificado (tan rígido que "cruje"), pierde el poder que había ganado, se ha transformado en un kentuki más al ser aviesamente manejado. Esta sensación de paranoia y angustia se extiende, en las líneas finales, a lo real mismo: se pregunta si hay escapatoria de ese mundo.

Refiriéndose a "Hacia la alegre civilización de la capital", Drucaroff (23) caracteriza la "entonación" de algunos relatos de Schweblin como "socarrona" —elemento que se extendería a la denominada *nueva narrativa argentina*- frente a "una experiencia histórica [que] no le permite esperanza alguna, sí lucidez acerca del mundo en el que vive". *El núcleo del disturbio*, primer volumen de cuentos hoy prácticamente inhallable y rearticulado en antologías o ediciones aumentadas de otros libros de la autora, formula problemas que alcanzarán toda su producción posterior e inicia un universo ficcional que reafirma, extrañando lo real, el sinsentido de la posmodernidad.

## El aparecido y la horda. Fantasmas y zombis en la narrativa argentina reciente[80]

La idea del fantasma ha tenido una fuerte presencia en la cultura del siglo XIX y revela que las manifestaciones fantasmales son siempre construcciones incrustadas dentro de contextos históricos específicos e invocadas por propósitos políticos más o menos acotados (Weinstock). El uso de los recursos del gótico (la significación otorgada a las ruinas, las casas abandonadas y los cementerios, los personajes contrastantes, el exceso como procedimiento, entre otros), género habitualmente asociado a lo fantasmal, también ha contribuido en la narrativa fantástica –aunque no exclusivamente del género- a la revisión de un pasado muchas veces reciente. A su vez, la figura del zombi remite, por un lado, a la dominación y al control estatal mientras que, por otro, a cuestiones vinculadas con un factor disruptivo que provoca un cambio definitivo en el tejido social (un virus, por ejemplo, que irrumpe en la comunidad transformando, en términos de biopolítica, la vida "protegida" en "eliminable").[81]

El fantasma y el zombi funcionan en la narrativa argentina reciente como dos modos de representación de la violencia estatal, dos recursos propios de la literatura de terror que sirven para articular una serie de cuestiones vinculadas con formas de control. El fantasma, con sus emplazamientos góticos y su activación de la memoria histórica vinculada a la represión de la dictadura militar (1976-1983) y el zombi posterior al film de George Romero (1968), con sus escenarios sociales anómicos, se definen en relación con la forma en que se administra el terror: el fantasma como representación del miedo individual (anclado en el pasado) y el zombi, del miedo social (presente). Esta es solo una de las líneas de análisis que se han abierto en un período que puede establecerse a partir de 2007,

---

[80] Esta lectura es un verdadero Frankenstein, como corresponde al tema. Leí una versión básica de la primera parte en el *II Simposio de la Sección Cono Sur – LASA*, "*Modernidades, (in)dependencias, (neo)colonialismos*", Facultad de Ciencias Sociales, Universidad de la República, Montevideo, entre el 19 y 22 de julio de 2017. La segunda parte funde otros textos presentados en distintos simposios, como el *XVII Congreso Nacional de Literatura Argentina*, Facultad de Humanidades y Ciencias Sociales de la Universidad Nacional de la Patagonia San Juan Bosco, Comodoro Rivadavia, Chubut, entre el 2 y 4 de octubre de 2013.

[81] Ver, entre otros, Giorgio Agamben, *Homo Sacer*, y Roberto Esposito. *Bíos. Biopolítica y filosofía*.

con la publicación de *Berazachussetts* (2007), de Leandro Ávalos Blacha, y a un año de la desaparición de Julio López, hecho que según Longoni (2007) provocó desplazamientos y cambios en la manera de representar la memoria histórica.[82] A partir de entonces el uso literario de la figura del fantasma en la narrativa argentina adquiere otras connotaciones que consideraré más adelante.[83]

Desde un aspecto más abarcador, zombis y fantasmas argentinos, reescrituras de cristalizaciones literarias y cinematográficas de orígenes diversos se asocian a los sentimientos de angustia y miedo. Me parece particularmente útil para pensar la relación entre capital y miedo la propuesta de Skoll (*Social theory of fear*), quien señala que los Estados Unidos han monopolizado una explotación sistemática dentro y fuera del país gracias a esos dos elementos. El imperio estadounidense se habría edificado a través de la idea de que el mundo es un lugar peligroso para vivir, lo que se traduciría en un caldo de cultivo para la mejor implementación de métodos de control estatal.

El género terror ha experimentado un gran crecimiento en los últimos cinco años en la Argentina. Además de estos dos ejes que he señalado ha emergido una nueva forma de contar en la que lo ominoso irrumpe con la recuperación de viejos temas del género (ocultismo, satanismo, presencia de lo monstruoso sobrenatural, leyendas populares) en un marco narrativo complejo, pleno de autorreferencialidad y de guiños paródicos que conviven con ese efecto de horror que parece incompatible con la razón.[84]

Estos dos modos de representación estructuran esta lectura en sendas secciones: la primera, dedicada a la que llamaremos *narrativa Z* y la segunda, a la vinculada al fantasma.

---

[82] Ver "Los sitios de la memoria", en este volumen y Longoni.

[83] Elsa Drucaroff dedica una parte del capítulo 8 de *Los prisioneros de la torre* a lo que denomina la "mancha temática" de los fantasmas y los desaparecidos en la "nueva narrativa argentina".

[84] Es el caso de algunas novelas y cuentos de Luciano Lamberti y de Celso Lunghi, donde hay intromisiones permanentes de los narradores sobre aspectos teóricos del género terror. Mariana Enriquez, con sus dos libros de relatos (2009 y 2016) y Samantha Schweblin, con *Distancia de rescate* (2014), han abierto un camino en ese sentido. La narrativa de terror tiene un corpus muy nutrido actualmente debido a la existencia de proyectos editoriales independientes especializados, como Muerde Muertos, De la Fosa y la actualmente inactiva La otra gemela, a los que se suman otros de menor tiraje.

## 1. *No seas así, dejate morder*

"Somos su imagen más real/Lo que nunca esperaron ver/Su reflejo más aterrador/Que los habrá de convencer/Que hay poco por hacer en este apocalipsis zombi": este es el estribillo de "Apocalipsis zombi" (2017), corte de difusión del álbum homónimo del Cuarteto de Nos, banda uruguaya de rock alternativo. La canción, que tiene video oficial, recupera, actualizado, el personaje de Romero –según ha indicado Musso, autor de la letra- y una de las condensaciones simbólicas posibles del zombi en el capitalismo posmoderno: "Zombi filmando su propia sombra/Zombi aplaudiendo al zombi de moda/Zombi autómata, zombi mediático/Zombi viral, zombi superstar/Zombi que mira a otro zombi sin alma/Que le dice desde la pantalla/No seas así, dejate morder". Efectivamente, la proliferación y globalización de la figura del zombi y sus posibilidades simbólicas en series, cine, diseños textiles, videojuegos y literatura instala la necesidad de una lectura abierta a distintas perspectivas.[85] La alta difusión de la serie televisiva *The Walking Dead*, inaugurada en 2010, también generó una visibilización de esta temática que en el ámbito nacional no se reflejaba hasta entonces en un consumo masivo.

El monstruo se fue volviendo familiar (*e-Zombie*, *In the flesh*) y ha perdido su carácter siniestro para reconfigurarse como admonición política, como revés negativo de una trama social sospechosa. El fantasma, más vinculado a la narrativa oral tradicional y al folklore, también ha sido reutilizado recientemente en el discurso burlesco futbolero argentino y sus prácticas asociadas, como disfraces y banderas, para remitir, por ejemplo, al descenso de categoría ("el fantasma de la B", en alusión al pasaje de división del equipo River Plate en 2011).

En la narrativa el zombi ha tenido distintos tratamientos y la teorización sobre el tema se ha extendido como una plaga. "El no muerto representa una sensibilidad posmoderna. Esta sensibilidad apesta a putrefacción", proponen Skoll y Korstanje (11, traducción mía) retomando a Frederic Jameson. Los zombis juegan el rol de la conciencia pública, o mejor, de la in-conciencia. Las teorías apocalípticas, nos recuerdan los autores, son proyecciones de los contextos sociales que estamos experimentando. Precisamente uno de los aspectos que el miedo genera es la falta

---

[85] En el video juego *Grand Theft Auto V* (2013-2014) se puede ver un personaje que simula ser zombi para vivir de las limosnas en Hollywood. Vaya como un ejemplo, entre tantos, de su poder simbólico.

de perspectiva e incertidumbre para precisar cómo y cuándo sucumbirá el planeta.

Algunas narraciones que combinan ciencia ficción y terror han ido incorporando en la literatura argentina, desde comienzos del siglo XXI, la figura del zombi en tanto objeto de un trabajo de hibridación genérica que reúne elementos del *horror pulp,* de las distopías y de las ficciones postapocalípticas. En la narrativa reciente se elaboran distintas representaciones: algunas, más cercanas al zombi primigenio, víctima de una práctica ritual de zombificación vudú; otras, a la figura del infectado, reescritura de sucesivas versiones nacidas de *La noche de los muertos vivientes* (1968), de George Romero, libre adaptación cinematográfica de *Soy leyenda* (1954), de Richard Matheson. Sobre todo en la segunda serie la plaga zombi es eminentemente política y no solo por su remisión a las prácticas partidarias sino por su fuerte apuesta a las decisiones biopolíticas negativas de un referente histórico al que, ironía más o menos, está interpelando.

El punto de partida de la narrativa y el cine zombis en su soporte etnográfico -el asociado con relatos que transcurren en plantaciones de algodón en Haití y con el vudú- remite, indudablemente, al fantástico. Pero la transformación que ha ido sobrellevando la primera a lo largo del siglo XX en su interacción con esta copiosa filmografía la ha emparentado fuertemente con la ciencia ficción postapocalíptica. La *narrativa Z* argentina se multiplica en la última década alrededor del estreno de series televisivas como *The Walking Dead*, pero tiene su primer hito en *Berazachussetts* (2007) de la mano de Leandro Ávalos Blacha, discípulo de Alberto Laiseca, a su vez uno de los primeros en incorporar a estas criaturas en sus relatos. Es una posibilidad narrativa que ha permitido representar el populismo, la crisis social y los temores de una sociedad terriblemente desamparada en el concierto global.

Es necesario decir que no examinaré en esta lectura representaciones de muertovivos fuera del período trazado o que no respondan a estas dos formulaciones (zombificados o víctimas de un virus), como las que aportan, por ejemplo, el cuento "La lucha de la familia González por un mundo mejor" (Angélica Gorodischer, *Trafalgar,* 1979), en el que los muertos de Gonzwaledworkamenjkaleidos vuelven a perturbar el mundo de los vivos a causa de la influencia de un cometa que se acerca al planeta cada cinco años aunque no pueden más que acosarlos; o "Monsieur Trépassé" (Santiago Dabove, *La muerte y su traje,* 1961), breve relato en el que el cuerpo en descomposición de un muerto acompaña a un pasajero en un tranvía hasta el cementerio de la Recoleta jugándole bromas. Si nos remontamos al siglo XIX, es posible mencionar "La primera noche en el cementerio" (Eduardo Wilde, *Prometeo & Cia.*, 1899 [1888] ) y, entre otros, "El baile de los muertos" (Raimunda Torres y Quiroga –con seudónimo Matilde Elena Wili-, *Entretenimientos literarios*, 1884).[86]

## El zombi como tropo social

El interés suscitado por las posibilidades literarias del brote zombi en distintos países de Latinoamérica revela –México, Chile, Perú, Colombia y Venezuela en particular– su carácter proteico y su poder simbólico: como punto de partida para narrar historias de narcos, de explotación, de exclusión u oclusión de relatos que han formado parte de las culturas populares y que emergen renovados desde esta nueva perspectiva. En la convocatoria de algunas editoriales que han antologado cuentos subyace la búsqueda por satisfacer una demanda generada en la última década a causa de la proliferación y globalización de esta figura.

En la narrativa, el zombi ha tenido distintos tratamientos. Mabel Moraña ha estudiado la hibridación radical que supone la categoría de lo monstruoso, en la que pueden ubicarse los zombis, frente a los procesos de formación del "sujeto popular" y a los recursos expresivos a partir de los cuales la subjetividad colectiva expresa sus miedos, ansiedades y deseos en áreas periféricas, particularmente en América Latina. En la narrativa zombi, justamente, está en primer plano el cuerpo: individual, "sexualizado, sometido a violencia, a indigencia, a marginación" y colectivo, "colonizado y subalternizado de la Colonia a la modernidad, esclavizado, migrante, desterritorializado, en resistencia, subvertido, fragmentado, desorganizado" (Moraña 18).

Drezner (16), por su parte, recuerda que la narrativa tradicional del "canon zombi" se ve diferente de las otras historias de seres paranormales y subraya que han sido las razones metafóricas las que despertaron el interés de los sociólogos en el fenómeno. Estos relatos, agrega, terminan de dos maneras posibles: la eliminación/subyugación de todos los zombis o la erradicación de la humanidad de la faz de la Tierra. Garret (35-36) destaca la sorprendente pregnancia de los zombis a pesar de su negatividad: son lentos, no pueden planificar, carecen de cohesión grupal, no pueden cambiar, no son, en suma, capaces de muchas cosas que asociamos a otros personajes que nos cautivan.

---

[86] Para una aproximación al tema en Wilde ver Sandra Gasparini, "Medicina y literatura" y, sobre Wili, "Mujeres que aterran", en este volumen.

En referencia al tipo de zombi anterior al del emblemático film de Romero, el asociado con las plantaciones de algodón en Haití y el vudú, Cortés Rocca ("Etnología ficcional" 338) afirma, a partir de la caracterización que hace Inez Wallace, que "los zombis no pertenecen al mundo de los fantasmas ni al mundo incorpóreo del espíritu, sino que son pura corporalidad definida a partir de tres acciones principales: moverse, caminar, trabajar e incluso a veces hablar". El zombi sería como el vampiro: el regreso a la vida jamás es el regreso de lo exactamente igual, sino precisamente el universo de lo inquietante, el trastorno de lo familiar.[87] A través de sus subsecuentes traslados, el zombi, argumenta Oloff en perspectiva ecocrítica, se transformó en el símbolo fundamental de la alienación. Shaviro establece diferencias entre ambos monstruos:

> In contrast to the inhumanity of vampire-capital, zombies present the 'human face' of capitalist monstrosity. This is precisely because they are the dregs of humanity: the zombie is all that remains of 'human nature', or even simply of a human scale, in the immense and unimaginably complex network economy (288).

La figura del zombi emerge en la cultura haitiana como expresión del biopoder esclavista y se derrama en distintas direcciones a partir del film de Romero para señalar, en su aparente homogeneidad y grado cero de la razón, una resistencia contra la normatividad y una celebración de la anomalía y el fin del capitalismo. La "z" de zombi ha devenido una marca que connota el carácter tanático y final: el omega de la civilización tal y como la conocemos. Está fuera de la Historia:

> En la figura ambivalente de lxs no muertos, se hacen visibles las nuevas formas del capitalismo a través de los efectos que produce en el hombre: lo enajena, lo consume, lo desangra, lo convierte en consumidor compulsivo o en fracasado y depresivo; pero también se evidencia aquello que el zombi está imposibilitado de hacer: no

---

[87] En 1940, la revista norteamericana *The American Weekly Magazine* publica un artículo periodístico firmado por Inez Wallace y titulado "I Walked with a Zombie", luego guionado para el film homónimo de Jacques Tourneur. Sus orígenes se remontan a la época de la esclavitud y de la economía de la plantación en Haití (Cortés Rocca, 2009).

se relaciona con la sociedad y los otros, no se vincula con la naturaleza, no demuestra interés por nada que no sea consumo, y no es protagonista de la historia sino mera comparsa (Montes 76)

## Apuntes para una vena local

En la narrativa argentina reciente de temática zombi con escenario postapocalíptico, en el que la tecnocracia y la economía financiera han colapsado, víctimas de ellas mismas, es posible observar un grupo de elementos comunes. Con distintas variantes, el protagonismo de estas historias se lo disputan sobrevivientes e infectados, y abundan las novelas corales en las que distintas voces astillan el relato del fin del capitalismo global alentado por el neoliberalismo. La epidemia instala un grado cero en el que la anomia y la violencia social se exacerban: han estado ahí, en relación de contigüidad con este sistema y se han retroalimentado. Pocas son las referencias al comienzo de la infección o al elemento que da origen al caos generalizado pero aunque la mención sea escueta siempre aparece. Es, en muchos casos, el condicional contrafáctico que da lugar al relato zombi. Cuerpo zombi y horda, con toda su materialidad, protagonizan descripciones y conectan con el horror *gore* y la ciencia ficción postapocalíptica e incluso antes con la novela naturalista, el esperpento y el gótico decimonónicos. En todos los textos se evidencia un interés por nominar al infectado (*Inicuos, bichos, tablas, fiambres, podridos, hediondos, monstruos, occisos, resucitados, hilachentos, PEPOS* –Peatones Podridos–, *atacantes*, entre otros), por encontrar la forma de nombrar a ese que ha devenido Otro. Los medios de comunicación, ya en decadencia en el mundo preepidémico, adquieren un rol fundamental en varias narraciones. Sea como aliados del poder insurgente o del que quiere reinstalarse, son un engranaje importante de la mecánica biotanatopolítica. En la narrativa argentina hay una representación del populismo –encarnado en zombis "peronistas" o "desaparecidos" de la dictadura militar (1976-1983)– en lucha con fuerzas políticas de derecha. La revuelta zombi –por paradójica que parezca– es un tópico presente. De dónde viene la amenaza zombi es otra de las preguntas que instalan estas ficciones, que construyen una topología muchas veces común (el Riachuelo que bordea la ciudad de Buenos Aires como foco de contaminación es una constante, así como la presencia ominosa del Río de la Plata). Por último, la temporalidad en estas narraciones se construye en una problematización de la experiencia del devenir: al pasado ya no es posible volver, al menos los protagonistas no podrán asumir su reanudación simbólica inmediatamente. El futuro que se intenta edificar o prever desde el presente es absolutamente incierto. Y el presente es, desde ya, inasible.

## Muere, humano, muere

Son variadas las representaciones que pueden encontrarse en la reciente *narrativa Z* argentina. *Berazachussetts* (2007) inaugura la parodia del género a la vez que su instalación en la novela del siglo XXI al ser consagrada por un concurso literario prestigioso. Plantea un escenario postapocalíptico construido con retazos del conurbano bonaerense y de la literatura *pulp* y el cine *clase B*. A lo largo de la novela el descontrol y la anomia social van minando todas las prevenciones que una de las protagonistas, Trash, una zombi europea que recala en Berazachussetts –fusión humorística de Berazategui, localidad del conurbano bonaerense, y Massachussetts– tiene al comienzo con el consumo de carne humana, hasta liberarla nuevamente en las escenas colectivas de zombis del final, clásicas de los filmes del género y de los *Shudder Pulps*, que se caracterizaban por su brutalidad, y en los que el horror, el misterio, el tratamiento de la sexualidad, la violencia sádica, sentaran las bases de lo que hoy podríamos entender como cine *gore*. También podría figurarse aquí una adelantada e involuntaria parodia de los vampiros domesticados de la saga cinematográfica *Crepúsculo* (2008-2012), quienes no matan para alimentarse.[88] Trash, que rinde tributo a la zombi pelirroja y punk de *El regreso de los muertos vivos* (1985) de Dan O´Bannon, termina siendo el único sujeto coherente en ese mundo carnavalizado donde la política provincial muestra el esplendor de su corrupción y la vida doméstica exhibe su poder devastador e hipócrita. Son los *muertovivos* quienes llevan la antorcha del cambio social y los fantasmas quienes reclaman sean pagados los crímenes cometidos en el pasado. Trash es diferente de los zombis masificados de Romero: Ávalos Blacha dota de conciencia (social) a sus monstruos, menos monstruosos que los humanos. Los que resisten en la clandestinidad de Berazachussetts en cierto modo reescriben a los "rebeldes" de *Land of the dead* (2005), cuarta película de la saga de Romero.[89]

---

[88] La saga novelística de Stephenie Meyer, en la cual se basó la cinematográfica, se publicó entre 2005 y 2008.
[89] En ella los zombis aprenden a *enfocarse* nuevamente, a usar armas y a asesinar para vengarse. El jefe de la revuelta es afroamericano, como lo era el último sobreviviente en

En "Tan real" (*El libro de los muertos vivos*), del mismo autor, Blanca, un ama de casa *muertoviva* que practica *fitness* y es adicta al *Slender Shaper*, un modelador reductor de grasas corporales, se confunde entre los disfrazados de una *Zombie Walk* de Buenos Aires donde provoca un desastre además de varios asesinatos previos en circuitos en los cuales los porteños entrenan *running*. Su metamorfosis no está provocada por un virus o un problema de contaminación ambiental –como la radioactividad que afecta a nivel general a Berazachussetts- sino por un uso descontrolado de la tecnología: la alienada Blanca sufre un infarto por hiperactividad cuando tiene conectados los electrodos del aparato y permanece en un temblor continuo que la mantiene caminando sin detenerse. Tanto Trash, con su figura excesiva para los cánones heteropatriarcales, como su contraparte, Blanca, atormentada –y zombificada- por alcanzar el estereotipo de belleza que determina la sociedad de consumo, destacan el carácter de dispositivo ideológico revulsivo que representa el zombi. Ávalos Blacha inaugura con sus zombis femeninos protagónicos un sesgo humorístico en la literatura argentina que habilitará un uso lúdico y fuertemente politizado del tema.

## Los zombis del Conde Lai

Un año antes de la publicación de *Berazachussetts*, Alberto Laiseca comienza *Sí, soy mala poeta, pero…*con una escena en una cripta que anuncia prácticas necrofílicas, aunque se resuelve en el despertar de una mujer en estado de catalepsia que termina ahorcando al asaltante de su tumba. La "adorable muertita", Analía, se defiende luego de dos sepultureros que la raptan para abusar de ella en el cementerio alegando que no está muerta, pero no le creen. Incluso más adelante, describiendo otra de las parafilias de Tojo, el personaje que abre la novela, el narrador cuenta que soñaba con robar el cadáver de una mujer del cementerio y embalsamarlo "para que fuera su mujer secreta y final":

> El ideal hubiera sido una ceremonia vudú para que su muertita pudiese caminar y todo, pero le faltaban conocimientos mágicos. Son estudios muy largos. Además necesitás un Maestro haitiano.

---

la primera película de Romero, *La noche de los muertos vivos*. Cuando el protagonista finalmente los vence y logra que se retiren de la ciudad devastada, deja abierta la posibilidad de un mundo dividido en dos.

Por eso es que uno tiene el zombi que puede (Laiseca, *Sí, soy mala poeta* 18).

Laiseca bordea la figura del zombi, bromea con ella e intenta dar un paso más allá con su *realismo delirante*. No se trata de zombis que desgarran entre sus fauces a sus víctimas sino sobre todo de humanos erotizados con la muerte y con el incesto, dos tabúes fuertemente plantados en la novela. De hecho, Tojo "resucitó del infarto" que le había provocado el ataque de Analía porque la que leemos es "entre otras cosas, la novela del zombi" (Laiseca, *Sí, soy mala poeta*, 119). Laiseca recrea el ritual del *bokor* en clave paródica para burlarse de los sepultureros que, debido a su ignorancia, terminan siendo esclavos de un ser sobrenatural que interrumpe la película pornográfica que estaban filmando y rescata a Analía, la heroína masoquista. El ritual de zombificación, que casi siempre se elude contar, está íntimamente conectado con las relaciones de poder (dominación/sumisión) que se establecen en las prácticas sadomasoquistas. "La función biotánato-política del bokor [...] hace morir, para luego obligar a vivir bajo el dominio de su voluntad a las víctimas —resucitadas", sostiene Montes (74) a propósito de las creencias del vuduismo haitiano.

La obsesión de Laiseca con los rituales de zombificación haitianos recorre toda su narrativa. "Perdón por ser médico" (*En sueños he llorado*, 2001) ya se sustenta en una trama policial que, a su vez, oculta otra sobrenatural (una zombi cumple órdenes de un mago asesino con un trauma de infancia), sin contar la presencia de la materialidad de la muerte y de los cuerpos en el resto del volumen ("El cuarto tapiado", entre otros). El popular ciclo *Cuentos de terror*, emitido por un canal de cable en 2002, en el que el autor narraba relatos del género, contribuyó a generar mayor interés en su literatura y en los talleres que ofrecía. De este modo fue creciendo un grupo de alumnos que compartían el gusto por estas temáticas y por los filmes clase B y la literatura *pulp*. De este núcleo surgieron Ávalos Blacha, Mariano Buscaglia, Sebastián Pandolfelli, José María Marcos y Fernando Figueras, entre otros autores vinculados al género. Tal vez la formulación fantástica de Laiseca haya instalado lentamente la presencia zombi que eclosionará, en otra vertiente, con *Berazachussetts*.

Al retomar el zombi de origen haitiano Fernando Figueras recupera en "Zombra" (*El libro de los muertos vivos*) la figura del brujo y del rito vudú en un episodio de *realismo delirante* en el que un jugador de fútbol zombificado es llevado a la localidad bonaerense de Virrey del Pino para salvar a un equipo amateur local. Se reapropian temas de la literatura de horror norteamericana para representar problemáticas locales, principalmente en un registro humorístico. Hacia adelante, en clave proyectiva, los escenarios sociales que se figuran se conjuran con la risa. Hacer jugar a un *muerto* –un mal jugador-, humorada habitual entre los hinchas de fútbol, es lo que materializa la metáfora del *muertovivo* en "Zombra", aunque en este caso se trata de zombificar a un "crack". "'¿Ve'?, el que tiene la camiseta de Taiere… ¡Tomá, muerto! Ve' que son una manga 'e muerto", es justamente la frase que repite, con inconfundible marca dialectal cordobesa, un personaje de *Letra muerta. Una novela en la Argentina postapocalíptica* (2012) de Bawden y Novek, cuando atisba en un "nido zombi" a algunos con la camiseta del equipo rival de fútbol (61).

## El camino del brujo hasta la epidemia

Es posible pensar al autómata como un antecedente literario de la figura primigenia del zombi, en tanto voluntad dominada por otra (esclavista) a la que está subordinada. La reproducción de una serie de movimientos accionados por mecanismos programados por un constructor con cualidades casi de demiurgo remite a la ejecución de las órdenes del *bokor* que maneja al zombi haitiano. El temor y la sorpresa que provocaron los autómatas y el automatismo hasta el siglo XIX fueron representados en gran cantidad de textos. En la Argentina decimonónica "Horacio Kalibang o los autómatas" (1879), de Eduardo L. Holmberg, es un ejemplo emblemático. Publicada al mismo tiempo que *Sí, soy mala poeta…, La cena*, de César Aira, está estructurada en tres partes. El amigo del narrador protagonista colecciona una serie de autómatas tanto minúsculos como gigantes que remiten a ese carácter ausente y vacío del zombi. La escena inicial de la primera parte, en la cual la anciana que observa el show automático desplegado por un juguete parece moribunda según el narrador, sugiere el carácter inquietante de los muñecos y, a su vez, se conecta con lo siniestro que emerge de los *muertovivos* que inundarán el pueblo en la pantalla del televisor del protagonista durante la segunda parte.

La novela teje, a partir de una presunción sobre el funcionamiento del nombre propio del vecino en la vida de un pueblo chico, el relato de una invasión zombi que parte del cementerio y destruye, a su paso, Coronel Pringles. Esas "palabras mágicas" que resultan ser los nombres de familias del pueblo bonaerense serán el conjuro para revertir la famélica marcha zombi cuando se los desactive y vuelvan al cementerio al ser pronunciados sus apellidos por los princlenses vivos. El dato, "improbable" y "sin embargo cierto", de que los muertos están saliendo "por sus propios medios" de sus tumbas se completa con la certeza de un cirujano del pueblo que sostiene que sorben el cerebro de los vivos buscando sus "endorfinas" para alimentarse. El miedo a la disolución en la horda, a la pérdida de la vida, se contrarresta con el nombre, la subjetivación: "esos muertos que volvían eran los muertos del pueblo, sus padres, y abuelos, sus amigos, sus parientes... la identidad era el nombre... los apellidos eran la lengua del pueblo, y ... sus habitantes la hablaban desde que aprendían a hablar" (Aira 200).

*La cena* concluye enmarcando en los límites porosos de la ficción el estallido zombi: el protagonista apaga el televisor donde ve esta supuesta transmisión en vivo de lo que ocurre en el pueblo y se queda dormido hasta la mañana siguiente, cuando habla por teléfono con el amigo coleccionista y nota que lo que él ha tomado por lo real era una transmisión de un programa local viejo y de bajo presupuesto. Parecería que la materia que teje esa historia de zombis que *se* cuenta el protagonista está hecha de retazos de las historias que circulan en el pueblo. Según confiesa el narrador, su madre "conservaba la esperanza de que (yo) empezara a vivir, en cualquier momento". Es, de alguna manera, un muerto vivo.

## La inercia de la horda

El movimiento inercial instintivo que impulsa a la horda lidera escenas en casi todos estos relatos. Aira encuentra una fórmula paradójica y excepcional para condensar la particularidad de la desaceleración zombi: los "cadáveres semovientes", es decir los restos de un organismo vivo que se mueve por sí mismo a pesar de estar muerto, provocan en el pueblo un fenómeno de temporalidad desacompasada ("la información corría rápido, el pánico se construía lentamente" 111). Si las leyendas orales y el cine los habían preparado para la emergencia, lo real barre con la ficción en un rulo que termina desactivando el adagio popular (*la realidad supera la ficción*) porque la invasión zombi está finalmente hecha de la materia de los sueños o de las artes audiovisuales. *La cena* se ubica en un espacio fronterizo entre el relato de zombis fantástico (*prerromeriano*) y de ciencia ficción.

La novela no explica qué es lo que mueve a los muertos a salir de sus tumbas para sorberles las endorfinas del cerebro a los vivos. Algo similar se narra en "El abuelo Bubby" (J. M. Marcos, *El libro de los muertos vivos*) pero los muertos que efectivamente abandonan los cementerios son rechazados por los vivos por querer ocupar un lugar que ya no tienen en sus familias. Sin embargo, la conducta de horda famélica emparenta a *La cena* con el zombi romeriano que protagonizará la novela de Ávalos Blacha.

## Corporalidad zombi

"El cuerpo-bricoleur del zombi muestra, de algún modo, esa novedosa aspiración de la corporalidad que nos deja la reflexión posmoderna: a medida que nuestro cuerpo adhiere nuevos materiales, se torna un *cibercuerpo*, pierde carne, se roe su identidad", propone Fernández Gonzalo (215). Y el narrador de *La cena*: "Harapos podridos, huesos a la vista, calaveras, fémures, falanges, cartílagos pegoteados al azar como en un *collage* estropeado" (Aira 136). El zombi es como mapa trizado y descompuesto de la Historia que refiere el dibujo de un caos urbano presente antes de la epidemia: la catástrofe por lo general se presenta como la solución a un mundo que ya anunciaba su fin. La prehistoria aparece velada en la forma del rumor (poco se sabe de la causa de la infección), salvo en *Un futuro radiante*, de Pablo Plotkin (2016), donde adquiere relevancia en el carácter de "testimonio" que asume la novela: "Mientras redacto partes de este testimonio, pensando en el trabajo arduo que tendré a la hora de compaginarlo" (5) y en *El alud* (2014) de Esteban Castromán. Ese relato previo opacado puede esconder "el peor accidente químico de la historia" (Plotkin), o una "infección" -se presume que fueron los pesticidas o las consecuencias del consumo de *paco*- que se intenta contener con muros, dinamitando puentes, "tabicando" la ciudad (*Los que duermen en el polvo*, Convertini). En *Pulsión* se trata de una "especie anfibia que fue hallada en una isla de Brasil tras los desmoronamientos y su relación con el exterminio que se produjo en un crucero turístico" (Castromán, 18), origen que se narra extensamente en su precuela, *El alud*, con sello ambientalista. En *Letra muerta...* podría ser un virus transmitido por el aire y en "Amigo zombie", de Francisco Marzioni (Vecino et al.), se trata probablemente de la mutación de una influenza canina.

Así como el del zombi es un cuerpo abierto y desflecado, los relatos zombis transforman el espacio en un plano casi infinito. Las fronteras entre ciudades y naciones son porosas y los virus viajan en aviones en el mundo posmoderno y globalizado. Los países limítrofes de Argentina (Chile, Uruguay, Bolivia y Brasil, sobre todo) se presentan ya sea como salvación o foco infeccioso. Algunas historias, como la de Plotkin, proponen una reconstrucción de la ciudad en pequeña escala (una "ciudadela de supervivencia", en las ruinas de Interama, un abandonado parque de diversiones en el barrio porteño de Villa Soldati). *Los que duermen en el polvo* recupera una zona cara a la escritura de Horacio Convertini, el barrio del sur capitalino de Nueva Pompeya (ciudad cercada y militarizada en la que el gobierno paga en dólares por habitarla), como último intento de regeneración de la gran metrópolis porteña que ha pasado a ser el suburbio temido: Río Gallegos, ciudad patagónica austral, es ahora el centro de la reconstrucción. Ese decorado decadente y ruinoso –paradójica ruina reciente– es recurrente en algunas ficciones del género: un paneo por los monumentos e iconos de una metrópolis, por lugares de pertenencia vinculados a los protagonistas, por mitos que han construido la Nación, ahora degradados y destruidos. El apocalipsis zombi trabaja sobre los restos del presente de la escritura. En estas ficciones se reproduce este mecanismo.

La representación del zombi tiene su origen en el acervo medieval, renacentista y barroco de las danzas de la muerte, en los tópicos del *memento mori y tempus fugit* (Fernández Gonzalo, *Filosofía zombi*). Combina el miedo del individuo a lo colectivo, a perder toda idea de sujeto, a fundirse –sentimiento que emparenta al género con el horror –, miedo a la igualdad que nos equipare a todos. Ese doble oscuro está a la vuelta de la esquina y es el revés del presente de las condiciones de producción de estas novelas y cuentos: como corresponde a la ciencia ficción, el condicional contrafáctico se elabora a partir de una urgencia de especulación, en este caso, distópica. Género postapocalíptico mezclado con el *gore*, la vertiente romeriana transformada de la *narrativa Z* argentina especula sobre las consecuencias negativas de un biopoder que aniquila en su falta de previsión y desprecio por la vida humana, transformándola en eliminable, ya se trate de cuerpos infectados o sobrevivientes.

Si en *Berazachussetts* encontramos una zombi –perfilada, en un guiño, como una futura Eva Perón- capaz de organizar una revuelta que termine con el mundo corrupto de los políticos de turno, en otros textos se figuran "zombis peronistas" (*Volveré y seré millones* de Matías Pailos,

2013, y "Ni yanquis ni marxistas: zombis peronistas", de Sebastián Pandolfelli, El *libro de los muertos vivos*), como materialización de la metáfora del *muertovivo*, de lo enterrado en el pasado que emerge o la interpretación literal y su lectura político humorística. Es así que la agrupación guerrillera Montoneros vuelve como plaga (los "desaparizombis" de Pailos) y las momias peronistas resucitan (Quindimil, quien fuera intendente justicialista de la localidad bonaerense de Lanús por más de veintisiete años, en el cuento de Pandolfelli).[90] En ambos textos, la iconografía justicialista es escenario zombi, en tanto espacio privilegiado de lo popular que sirve como plataforma para revisar el pasado y proyectarlo hacia un presente de la escritura que formula interrogantes e interpela al lector. Tanto en Ávalos Blacha como en Pailos y Pandolfelli los zombis terminan moviéndose en horda. A diferencia de la horda primitiva freudiana aquí no hay una mínima conciencia ni puja por el poder del padre ni mucho menos una prescripción totémica de no cometer parricidio ni incesto. La horda zombi es pura carne y deseo inconsciente y su fuerza está en la cantidad, la persistencia y la anomia: es lo colectivo aparentemente sin cohesión narrativa, es pura pulsión, carne y desechos. Sin embargo, en un rizo ideológico, esa cohesión se la da la épica de la derrota del campo popular en la década de 1970; entonces, esa fuerza ciega se estrella contra el presente apocalíptico buscando justicia.

## La horda peronista

Las hordas de la novela de Pailos operan en tanto fuerza a la vez inconsciente y puramente política. Pastoriza y Torre señalan justamente el estupor del diario socialista *La Vanguardia* frente a la "invasión" de las multitudes a Plaza de Mayo el histórico 17 de octubre de 1945: "Según este periódico, era inconcebible que esa clase obrera diera el espectáculo de 'una horda, de una mascarada, de una balumba, que a veces degeneraba en murga' " (260). La potencia de la horda (peronista) es lo colectivo con-

---

[90] Ambos títulos proponen un juego intertextual que alude al imaginario justicialista. El primero remite a una célebre frase de Eva Perón y el segundo a una consigna popular de la década del setenta ("Ni yanquis ni marxistas: peronistas"). Cabe recordar que algunas ficciones como "Esa mujer" (Rodolfo Walsh, 1966), *Cola de lagartija* (Luisa Valenzuela, 1983) y *Santa Evita* (Tomás Eloy Martínez, 1995), entre otras, han trabajado con el misterio que rodeó el destino del cadáver embalsamado de este emblemático personaje histórico del justicialismo, objeto de culto popular.

tra la individualidad del *gamer* Marky Nitro, matazombis "gorila" (antiperonista). No deja de llamar la atención que en la novela de un escritor nacido en 1976 el zombi sea el "*des*aparecido" que regresa, es decir que este constructo fantástico sirva para dar cuerpo (putrefacto y deformado con respecto a su identidad original: atravesado por el tiempo y la muerte) al *fantasma* del muerto político que se había ocultado aviesamente, arrojado desde los *vuelos de la muerte* al Río de la Plata durante la década de 1970. "Los cadáveres políticos están más vivos que nunca" (Pailos 10), escribe el narrador y el texto parece encargarse de materializar esa metáfora. La elección de la cuenca del río que baña las costas de Buenos Aires como foco de la infección que se expandirá por todo el país refuerza la politización de los *muertovivos* y la transforma en una fuerza de choque que, a pesar de su inercia, viene a tomar el presente por asalto. También en algunos cuentos de *Vienen bajando. Primera Antología Argentina de Cuento Zombie* (Vecino *et al*), como "Amigo zombie", de Marzioni, y "La chica de la lengua desflecada", de Vanoli, los zombis salen del Río de la Plata y en "Ese zombie", de Soifer (como en la novela de Convertini), del Riachuelo, que bordea la ciudad y la separa del conurbano bonaerense. En el cuento de Pandolfelli, ese curso de agua oficia como purificador al tragar a los zombis que caen al ser derribado el Puente Alsina, que lo surca y divide capital de conurbano sur. De manera central, el curso de agua contaminada nutre todas las historias enmarcadas de la novela *Los muertos del Riachuelo* (2018), de Hernán Domínguez Nimo, cuya trama se centra en un acontecimiento inusual que da origen a la efímera vuelta a la "vida" de una serie de cuerpos yacentes en el lecho fluvial, unidos por una voluntad de venganza reparadora que atiende cada caso en particular –minuciosamente fechado y aclimatado en la corrupción menemista de los noventas- y por única vez. En "El poscapitalismo financiero contra los zombies", de Diego Vecino, emergen cuatro mil de un solo agujero en la selva tucumana –donde, cabe recordar, la guerrilla comandada por las agrupaciones PRT y ERP fuera derrotada por las Fuerzas Armadas durante el Operativo Independencia en 1975-.

Se establece una relación casi transparente, entonces, entre referente histórico y recurso fantástico. Pero los "desaparizombis" de Pailos "no son particularmente torpes, más allá de cierta lentitud. No demuestran estupidez práctica: saben cuándo replegarse, y en general, cómo coordinar acciones conjuntas" (Pailos 10). Se alejan, como se ha dicho, de la figuración que los vacía de conciencia: sus cuerpos son políticos. No se ofrece una explicación para esta transformación: solo se marca la coincidencia con el fallecimiento del ex presidente argentino Néstor Kirchner: muere el líder del kirchnerismo, resucitan los muertos montoneros. Tienen lenguaje pero hablan una jerga indescifrable. Son "inclusivo(s): te come(n) o te convierte(n)" (11). Sus cuerpos son un mapa de la tortura, un recordatorio de su muerte, porque exhiben las marcas de sus verdugos. Están también los "neo-zombies" desaparecidos, a los que directamente se pasa a degüello: a nadie le importa que "fuera la herencia recuperada de los desaparecidos reclamando justicia" (11). Este hecho es interpretado por el narrador casi como un segundo bombardeo de la emblemática Plaza de Mayo: "La Plaza se había vaciado, dejando tras de sí un tendal de muertos, heridos y zombies desaforados. Un nuevo triunfo del gorilaje antipopular" (12).

El antagonismo de los años setentas se revive en el apocalipsis zombi. A Marky Nitro, joven anti kirchnerista de familia adinerada, le fascina matar "zombis montos", como en un videojuego: un "vengador anónimo, alguien que tomaba la justicia por mano propia, sin esperar más absurdas dilaciones de la burocracia estatal" (Pailos 15). En ese mundo posmoderno el ciberespacio se superpone de manera intermitente con la realidad. Los rótulos que circulan en internet se imponen en la ciudad del relato: la guerra entre Nitro y los desaparizombies es filmada y *tweeteada*. La novela hace su apuesta política cuando pone en primer plano las operaciones mediáticas y su vínculo con el correlato referencial que recupera la política de derechos humanos de los primeros gobiernos kirchneristas (2003-2015) enfrentadas a la oposición, aquí entendida como bloque. En *Lu Ciana. Plaga xombi sodomita* (2013, publicada inicialmente en blog y Facebook), de El Púber P (uno de los tantos heterónimos de Cristian Molina), el conflicto zombi está atravesado por las tramas política y de la disidencia sexual. Como en *Distancia de rescate* (2014), de Schweblin y en *Un pequeño mundo enfermo* (2014), firmado por Julián Joven, otro heterónimo de Molina, la enfermedad, la plaga, viene del campo.

En una escritura que se refuta y reinventa permanentemente (Catalin) el Molina de *Lu Ciana*, uno de los tantos posibles, enfrenta a la heroína heterosexual Lu Ciana a un ejército de "xombis" famélicos de sexo, infectados por un virus esparcido por la "maquinita de gas" en la que pedaleaba el Niño C, el villano, que los transforma y despierta en ellos una homosexualidad activadora de lo puramente instintivo y una violencia primaria. La Z deviene, entonces, X; la lengua muta para señalar cuestiones de género. En una escena que invierte los parámetros ideológicos de "El matadero", de Echeverría, y recrea la masacre de Ezeiza, uno de los emblemas de la historia del peronismo, Cristina, "Cris" —cuyo referente histórico es Fernández de Kirchner, ex presidenta argentina (2007-2015)-, es atacada por una horda de "tortas (lesbianas) xombis" que recuperan el anatema federal decimonónico:

¡MUERAN LOS SALVAJES KIRCHNERISTAS!

y la marcha de colores a más velocidad

mueran mueran mueran

los salvajes

sí

kirchneristas

bestias hegemónicas

en manos de las tortas xombis

decían

desde los rincones (*Lu Ciana* 63).

La población exige a la mandataria recién electa que se los extermine y luego del desastre total, por un decreto ("si antes los perseguían ahora los sujetan como sujeto con todos sus derechos para domesticarlos cual mano de obra a dos o tres latigazos") se vuelven fuerza productiva, mano de obra esclava (retornan a la figuración del zombi primigenio). La organización de este conjunto de poemas es muy compleja y abierta a la figura de la paradoja (Catalin 13). Lu Ciana se exilia en una isla con su familia y no es posible evaluar como distópico o utópico este final. Los restos de lo humano se deslizan en la arena que corre entre los dedos de los pies del narrador: "aunque queríamos quedarnos como ella bajo el sauce mientras el agua pasaba entre los dedos de los pies y nos dejaba su arena amarilla como ese tesoro gran tesoro de lo que aún quedaba" (Púber P 117).

Los signos que remiten a la iconografía del peronismo aparecen también mutados, transformados para decir otra cosa. Incluso en *La cena* el altavoz que había transmitido, por última vez, en 1955, la marcha peronista es el único medio que logra hacer efectiva la orden de evacuación destinada a los pringlenses.[91]

## Mi hermano, mi semejante

El zombi está escrito en palimpsesto sobre el cuerpo alien: el doble oscuro nos habla más cerca que el Otro del espacio exterior. Los "bichos" de *Los que duermen en el polvo* no son el enemigo exacto, no se los puede "soñar" como tales porque se parecen demasiado a los "normales" (Convertini 76). Muchas de estas narraciones plantean que la corrupción que genera el nuevo orden es más monstruosa que la peste misma (33).

Esos cuerpos putrefactos son deseados hasta el punto de la aniquilación total: en "Tania" (Burzi, *El libro de los muertos vivos*), el protagonista va destruyendo el cuerpo zombificado de su mujer en cada encuentro sexual y a medida que avanza el virus en ella, aunque decide aplazar su muerte para que el goce no finalice. La descomposición de la carne -puro resto y residuo- aumenta su deseo. El narrador de "Irnos lejos" (Iglesias, *El libro de los muertos vivos*), a pesar del pedido de su pareja, no puede evitar alargar la destrucción de su cuerpo atacado por el virus y huye con ella en el baúl de su auto, inútilmente.

La pulsión sexual es justamente lo que motoriza la plaga "xombi" de *Lu Ciana* y el "malón zombisexual" de *Pulsión*. En esta última, la introducción, escrita en segunda persona del plural, cuenta la invasión desde

---

[91] La figuración política del zombi no es, como ya se ha dicho, exclusiva de la narrativa argentina sino que es recurrente en Latinoamérica. Tampoco lo es la del fantasma: solamente en la Comala espectral de *Pedro Páramo* (1955) Rulfo cifra una fábula sobre el poder del tiránico Pedro y sus lazos con la revolución mexicana. Este recorte permite trabajar la narrativa argentina posterior a la última dictadura militar, con énfasis en su trabajo político con la violencia a partir de dos figuras asociadas al terror y la ciencia ficción postapocalíptica.

adentro (una *voz zombi* que narra los "paréntesis" con tipografía cursiva). El resto de los capítulos tiene la perspectiva de los atacados. La práctica del sexo es la forma de "morder" de esta masa de hombres y mujeres desnudos, "aparentemente humanos", impulsados por el contagio. Zombis politizados en pos de una revolución sexual ("Representamos el ideal de una dictadura que promueve la desactivación neurótica mediante el sexo forzado", Castromán, *Pulsión* 28), los de *Pulsión* serían la avanzada de una hora cero si no los detuviera un final apocalíptico. La novela tiene un marcado tono humorístico en clave *gore*. De raíz romeriana, es el mismo aire que campea en *Berazachussetts*, un tono que no excluye la crítica social mordaz e hilarante.

En *Pulsión* la horda zombi avanza hacia la provincia de Córdoba –la de *Lu Ciana* está en Rosario, Santa Fe-. Es la ciudad capital la que entra en el "Interior" de la nación, para arrasar con su barbarie, en el revés de la fórmula sarmientina. Sin embargo, la horda capitalina es contrarrestada por otro horror, el que emerge del campo sojero -como en *Distancia de rescate* y *Un mundo enfermo*-. Quienes resisten contra esta masa que se va engrosando son, entre otros, un grupo de Baradero que se enriqueció con el cultivo de la soja, polo tanático que regula la vida rural pampeana. Su única *pulsión* es matar, desde hace rato. El comisario Juan Wydell (cuyo nombre recuerda al Sheriff Wydell interpretado por William Forsythe en *The Devil's Rejects*, dirigida por Rob Zombie) clasifica a los zombis como "subversivos" y "cheguevaras en pelotas" y su interlocutor, un policía cordobés, como "zurdos" y "putos". Como en *Lu Ciana*, el ejercicio compulsivo de una sexualidad sin reglas politiza esos cuerpos deseantes. En *Pulsión*, los contagiados *tweetean* la "liberación" de los pueblos que van tomando. La solución al avance de esta máquina deseante será una aniquilación en escala nacional. Es decir, una solución tanatopolítica en la que interviene la ONU.

El contraste respecto de *El alud*, precuela de *Pulsión*, es muy grande. La novela se abre reflexionando sobre un concepto desgajado de la segunda: "EL *ABURRIMIENTO* ES EL SEGUNDO *MAL* UNIVERSAL DESPUÉS DE LA MUERTE" (Castromán, *Pulsión* 58). La estadía en Brasil del protagonista (periodista argentino de turismo del diario español *El país*, emigrado a España durante la crisis de 2001) construye a Río de Janeiro como potencial catálogo de fantasías (en *Un futuro radiante* también aparece esta mirada cargada de exotismo). El relato luego se ubica en Ilha Grande, destino turístico argentino por excelencia. Narrado en primera persona y en presente, casi como un diario sin fechar, es el grado cero de *Pulsión*, el nacimiento del lenguaje del "malón" como un "balbuceo que parece venir de lo profundo" del mar. Los artículos periodísticos que se van intercalando funcionan como motor de la premisa contrafáctica en *El alud*, casi obliterada en *Pulsión*. Esta *nouvelle* completa la anterior y la enmarca en la ciencia ficción. El tono irónico y festivo se ha perdido por completo y predomina una prosa casi poética y despojada que acompaña la admonición de corte ambientalista, presente ya en el título. Hay fragmentos claramente enciclopédicos que explican la biodiversidad de la Mata atlántica para luego justificar la mutación que da lugar a la nueva especie. La mirada etnográfica que podría habitar un relato caribeño de zombis emerge en las referencias a las tribus tupí-guaraní, de las que se ignora si estuvieron vinculadas a los pobladores originarios de la región, de los que se resalta su condición de caníbales. El alud que tiene lugar durante la estadía del protagonista deja al descubierto "cuerpos de animales anfibios que poseen una contextura física similar a la humana", con orejas ovoides, ojos en blanco y piel escamada, muy similar a los zombis de *Pulsión*, de los que investigadores de la Universidad de Río de Janeiro –hace su aparición el saber científico- opinan que se puede tratar de "pobladores tupí guaraní cruzados con una especie singular de anfibios" (Castromán, *El alud* 65). Los síntomas de la infección se manifiestan en el narrador después de un *black out* que no puede explicar: una "electricidad caliente" atraviesa su cuerpo, tiene náuseas. Rodrigo reconoce, al verla, que abusó sexualmente de una criatura de esas características el día del desmayo. Ella muerde al protagonista en una pierna y con los otros turistas –también con síntomas extraños- escapan hacia la lancha, que es golpeada desde el agua no se sabe por quiénes. La continuación de esta *nouvelle* es la llegada del crucero a Buenos Aires, en *Pulsión*. Es decir que la peste viene de Brasil: Castromán trabaja con el estereotipo argentino sobre la sociabilidad brasileña y lo hace estallar.

## Lo residual

> In a posthuman world, where the human form no longer serves as a universal equivalent, the figure of the zombie subsists as a *universal residue*
> (Shaviro 288)

## Sandra Gasparini

Dos tipos básicos se construyen en estas ficciones: zombis politizados (desaparizombis, neo-zombis desaparecidos, zombis peronistas, zombis comandados por Trash en *Berazachussetts*) y zombis producto de la despolitización a la que los somete un consumismo frenético que trasciende la muerte ("the zombie is a monster made to order for an age in which the myth of endless economic expansion is necessarily complemented by the myth of an endless capacity to consume", Laraway 134). Zombis que organizan revueltas y zombis que se entregan a la marea del "horror caníbal" (Convertini). En un mundo posthumano son (anti)sujetos políticos. Las diferencias de clase se profundizan al comenzar la propagación pero rápidamente quedan igualadas por esa muerte activa, que avanza hasta comerlo todo: el *country*, bunker de la burguesía, seguro y aislado de los males sociales, a menudo es rápidamente atacado y sometido a la violencia (*Berazachussetts*, *Letra muerta*, "El poscapitalismo financiero contra los zombies", entre otros). Las fuerzas militares intentan restablecer el orden que la plaga derribó (*Los que duermen...* y *Letra muerta*) pero las luchas internas terminan por perderlos. En *Berazachussetts* leemos la reconfiguración del zombi haitiano: los esclavos de las plantaciones son los que encabezan la revolución y las masas zombis hambreadas y sometidas, quienes atentan finalmente contra el orden establecido.

El zombi de los filmes estadounidenses y europeos –y de buena parte de las ficciones postapocalípticas– rompe el contrato ilusorio del estado de bienestar. Otra cosa es la que sucede en estas narraciones argentinas: el estado de bienestar no existe y la plaga zombi es una extensión de ese clima ominoso anterior al apocalipsis, una figuración hiperbólica de un contrato que ya se ha roto previamente, porque los ciudadanos están desprotegidos frente a la violencia del capitalismo de consumo. Los zombis políticos de muchas de estas ficciones necesitan hablar no para volver al grado cero a la Historia sino para reescribirla a partir del desastre biotecnológico.

## 2. Aparecidos

El conjunto de textos que estamos leyendo articulan espacios y personajes de la literatura de terror y en ellos hay una búsqueda sobre cómo relatar procesos políticos atravesados por el miedo: el miedo al otro, el miedo por ser otro. No es menos importante la pregunta por el lugar desde donde se narra. Escenarios agorafóbicos y claustrofóbicos: la plaga exhibida como virus que se propaga, como infección que lo ocupa todo por un lado; el fantasma como una representación de lo individual, del *idios* en oposición a lo colectivo, por otro.

El fantasma pone de relieve en su voz una historia personal con sus singularidades y detalles, una vida que quiere transformarse en un relato al ser contada desde el final. Autobiografía y fantasma van juntos, casi como camino para, justamente, atravesar el fantasma. La del zombi deja de ser una *vida* desde el momento en que el cuerpo es materialidad pura, no es individuo sino horda, no pretende recuperar una historia sino terminar con la Historia o marcar simplemente su fin, dramatizarlo. El del zombi es, en principio, el cuerpo que se apropia el amo blanco para usarlo como esclavo: máximo ejercicio del poder y reificación. El del fantasma no es cuerpo: es fluido, línea de puntos, voz acusmática.

Algunos estudios sobre memoria y la teoría literaria sobre la narrativa vinculada a la represión durante las dictaduras militares de las décadas de 1970-80 en Sudamérica han propuesto las categorías de fantasma y de "haunting" para pensar la cuestión del retorno de las historias pasadas, de la visibilización de lo invisible, de la demanda de atención de lo sepultado por la sucesión de los años (Avery Gordon).[92] Una historia obturada implica la cuestión de la veracidad de la versión autorizada de los hechos: los fantasmas también pueden hablar de nuestro deseo de ser recordados y de nuestra búsqueda de una *coherente* y *correcta* narrativa de la historia (Weinstock 6). En consonancia con el cambio de siglo, representan el *ethos* y las ansiedades del momento de producción.

La proliferación de los fantasmas en la narrativa argentina reciente es el correlato de una conciencia de la narratividad de la historia. Esto es que, de las múltiples perspectivas sobre un evento histórico, se asume la preeminencia de una interpretación sobre la otra. Gordon ha planteado, justamente, que para escribir historias que tienen que ver con exclusiones

---

[92] En *Ghostly matters*, Avery F. Gordon define el concepto de *haunting*: "What's distinctive about haunting is that it is an animated state in which a repressed or unresolved social violence is making itself known, sometimes very directly, sometimes more obliquely. I used the term *haunting* to describe those singular yet repetitive instances when home becomes unfamiliar, when your bearings on the world lose direction, when the over-and-done-with comes alive, when what's been in your blind spot comes into view. Haunting raises specters, and it alters the experience of being in time, the way we separate the past, the present, and the future. These specters or ghosts appear when the trouble they represent and symptomize is no longer being contained or repressed or blocked from view" (XVI).

e invisibilidades, se escriben historias sobre fantasmas. Pienso en narraciones escritas por autores argentinos en particular, pero también en el amplio rango de novelas, cuentos y películas de terror que han circulado en el entresiglo XX-XXI. Mariana Enriquez es un ejemplo evidente, aunque también puede leerse esta cuestión en *Dos veces junio* (2002), de Martín Kohan, e incluso seguir hacia atrás y recordar las monjas francesas de *Los pichiciegos* (1982), de Fogwill.

Ser espectral significa, entonces, ser como un fantasma, es decir, estar fuera de lugar y de tiempo. Los fantasmas no admiten el pensamiento basado en oposiciones dicotómicas. No están del todo presente ni ausentes, ni vivos ni muertos. El fantasma es la marca o el rastro de una ausencia. Aparición y desaparición: flotar en la superficie, traer a la orilla lo que nos atormenta, eso es el fantasma, la memoria que se hace visible, presente e interpela. Por eso tiene una función política, de fuerza activadora de acciones. 2006 fue, en este sentido, una fecha clave en la primera década del siglo en cuanto a cuestiones de memoria histórica se refiere: se cumplieron 30 años del golpe de 1976 y, simultáneamente, la segunda desaparición de Julio López, como dije, tuvo gran impacto mediático.[93]

## El conjuro de los fantasmas

Los fantasmas no necesitan hacerse visibles a través de figuras amenazantes, sábanas o telas rasgadas. Tanto en la narrativa oral popular como en la *ghost story* británica las presencias fantasmales pueden ser representadas de modo metonímico a través de suspiros, leves brisas, ruidos de cadenas, susurros o sombras que se desplazan cerca de los rincones o en lo alto de las torres.

El fantasma es también una estructura primaria de subjetivación según la perspectiva psicoanalítica lacaniana, marco que vela lo real entendido como lo irrepresentable. Bellemin Noël acercó la teoría literaria a la teoría lacaniana del fantasma. Partió de la fórmula *"le fantastique est une manière de raconter, le fantastique est structuré comme le fantasme"* (3, cursivas del original). Esta hipótesis le permitió examinar los conceptos de fantasmagoría, fantasmático y fantasma[94] y sentó las bases del fantástico en cinco

---

[93] López y su desaparición aparecen ficcionalizados en *El pozo y las ruinas*, de Jimena Néspolo, bajo el nombre ficticio de caso Ampuero.

[94] "Fantasme": "escenario imaginario" en el que el sujeto representa la realización de un deseo inconsciente, en francés, divergente con el significado de "fantôme", "espectro".

hipótesis que muchos teóricos retomaron después. Finalmente, planteó que "[L]e fantastique se révéle en fin de compte (conte) comme le lieu de la différence absolue, le preuve par neuf, par le toujours neuf, que *je* est effectivement un *autre*" (23).

En los relatos que leeremos poco queda de las estrategias de las *ghost´s stories* aunque no faltan las propias del gótico ni, desde luego, espectros, aunque sea en un sentido más amplio. Fantasma e identidad -una de las cuestiones centrales de la narrativa argentina reciente- parecen ser dos caras de un mismo problema: la identidades ocultas por la violencia de la historia, por la complicidad de los que saben y callan o, incluso, por la heteronormatividad imperante se van develando en un juego que implica una "desfantasmatización" que apela a una reparadora narración del pasado (Weinstock 5) y a la construcción de un presente libre de pesadillas y culpas.

En *Los topos* (2008), de Félix Bruzzone, justamente, las pesadillas del protagonista indican el desgarro interno que va sufriendo. Perseguir el fantasma, la imagen huidiza de Maira, la travesti de la que se enamora y que *desaparece* misteriosamente en democracia equivale a perseguir la identidad de hijo y de hermano, además de la identidad de género. ¿Quién busca a quién? Maira aparece en un primer momento como "infiltrada" en la agrupación H.I.J.O.S. Pero resulta que es una vengadora: se "dedica a matar torturadores" (Bruzzone 60). El último paradero de la madre del protagonista fue la ESMA. Su padre está desaparecido también pero es una figura expulsada del relato porque se lo sospecha traidor, hasta que se lo trae como el nudo que tensa la relación fraternal entre Maira y el narrador: el "parecido" físico (Maira podría ser su "medio hermano") entre ambos surge de él. La imagen fantasmal del progenitor y la ausente de Maira se representan en una escena mental, casi un ensueño, que transcurre en la Ciudad Gótica de Batman y en la que el padre es el superhéroe y los hermanos, Robin. La memoria termina caricaturizada.

En *El secreto y las voces* (2011), de Carlos Gamerro, las interlocuciones de los distintos vecinos de Malihuel consultados en el presente de la enunciación por el narrador van hilando su culpabilidad o su culpa y el camino a la verdad en sus aristas más violentas y condenables, porque el secreto —no muy bien guardado para el lector— es que el protagonista es el hijo del periodista desaparecido por el que se hacen las preguntas tres décadas después y no quién lo mató ni cómo. Tampoco lo es el paradero actual de sus restos mortales (el "chiquero de Villalba", de donde habrían sido removidos por la crecida de la laguna), lo que se desprende de las conclusiones lógicas que desarrolla el hijo. Secreto y voces son las dos caras de una misma verdad, la connivencia entre la policía, el ejército y un pueblo ficticio de la provincia de Santa Fe que podría ser cualquier pueblo de la Argentina. La novela es básicamente la ficcionalización y puesta en relato de la hipótesis del golpe cívico militar, a partir de la cual construye la figura del desaparecido como fantasma y como leyenda a partir del rumor y los exvotos que en un descampado depositan los devotos ocasionales. La memoria popular se muestra voluble y la ética ciudadana aparece tácitamente condenada. Y es que en *El secreto y las voces* el crimen no se clasifica como tal porque una "desaparición" no es un "crimen" (14). El pueblo se vuelve cómplice para incriminar, no para pedir justicia por el abuso de poder, como en *Fuenteovejuna*. Es así que "Neri (el comisario que lleva a cabo la 'operación') se quedó corto", en la opinión de los vecinos.

El protagonista de *El secreto y las voces* se representa a sí mismo como un "reflejo tenue, fantasmal" (71) que, cuando parte a Buenos Aires luego de sus vacaciones veraniegas infantiles sigue una vida paralela en Malihuel: su identidad aparece afantasmada. La vida que "hubiera vivido" si su madre no se hubiera ido del pueblo, obligada por sus progenitores luego de su embarazo, lo está esperando en Malihuel, "como un vampiro sin sangre", para saltar sobre él. La figura del fantasma se retoma cuando la enfermera de la localidad, madre del farmacéutico, le cuenta que recibió en el pasado el pedido de ayuda de Ezcurra, el periodista moribundo, ya torturado, que había escapado de sus captores. La aparición nocturna es casi fantasmal y le hace decir a la enfermera "que tenía más cara de aparecido que de persona", aunque aclara en el relato al narrador que "la voz era todavía del lado de acá" (143). Pero el médico corrupto, Lugozzi, borra lo espectral: lo traduce en oportunismo entregándolo a la policía y pretendiendo cobrar una recompensa por la captura.

En *El pozo y las ruinas* (2011), de Jimena Néspolo, los fantasmas surgen en la mención de los juegos infantiles de Seg en la casa de su abuelo, junto al cementerio, en San Luis: Javier, un vecino de la casa, le caía bien porque "siempre tenía alguna historia de fantasmas que contar" (…) "nos entretenía contando historias de aparecidos" (66). Habrá que esperar casi al final, en la parte titulada "Raíz", para que el padre adoptivo le cuente la historia de su madre en el pozo de Souza (CCDT y E ficticio), en el presente de la escritura desmantelado, a cuyas ruinas lo conduce Hugo antes de morir para narrarle los escasos datos que posee de su familia biológica. Aparecidos y desaparecidos van construyendo por fragmentos una identidad que ya se presenta como resquebrajada desde el comienzo de la novela (allí y entonces comprende a su padre adoptivo: "enfrentar la realidad suponía fotografiarla hasta el hartazgo"). Es a través de las fotos de su madre embarazada, en cautiverio, como recupera su imagen fantasmática y construye la fábula de origen[95]. La mirada congelada en la fotografía lo interpela a Seg en el presente. Como hijo, como fotógrafo, como hombre. La captura del rostro borra el nombre, que su memoria decidirá no recordar. Esa imagen que como un fantasma vuelve ("¿qué era un nombre frente a ese rostro?") lo reconcilia con la conflictiva relación que mantiene con su profesión de reportero gráfico, porque comprende que la pureza y la tristeza que su padre adoptivo captó en esa imagen final cuenta, en sí misma, una historia. En definitiva, lo que todo fantasma cuenta, como imagen que procede del pasado: "en el momento en el que Hugo le tomaba esa foto y le decía (…) que él y su mujer iban a cuidar de su bebé… ella en ese momento supo que ese rostro era lo único que podía ofrecerle a su hijo a través del tiempo" (231). Seg decide, entonces, "comprender sin perdonar".

Rancière (102) ha propuesto que "el tratamiento de lo intolerable es una cuestión de dispositivo de visibilidad". Y vuelvo a preguntarme: ¿cómo narrar lo inverosímil vinculado con la memoria de la historia reciente, lo que se aparta de lo mimético y del sentido común? La "imagen intolerable" de Rancière nos acerca a una posible respuesta: "es la imagen de la realidad la que a su vez está bajo sospecha" en la fotografía documental. Cómo hacer arte o literatura con el horror. Dónde terminan el documento, el arte y empiezan la tragedia y el morbo.[96]

La representación del horror reportado por sobrevivientes de los centros clandestinos en el período dictatorial aparece en estas ficciones en la presencia ominosa de fantasmas que reclaman otra lectura del pasado reciente y en la reconstrucción de una memoria personal que recupera la memoria histórica de un modo crítico y distanciado que parece enjuiciar

---

[95] "Cuando Segismundo vio aquellas fotografías pudo comprobarlo. En una estaba sentada en la esquina de la celda, con los brazos en forma de aro alrededor del vientre, miraba a la cámara con perplejidad y asombro… Entre las fotos tomadas por Hugo había una que Seg no podía ver sin quebrarse… Un primer plano de ese rostro, sudado y adolorido de quien –pensaba– acababa de parirlo y sabía que no iba a vivir hasta terminar el día" (Néspolo 230).

[96] En otro registro completamente diferente Matías Bragagnolo satura el procedimiento de lo indecible en *Petite Morte* (2014), *El Brujo* (2015), *La balada de Constanza y Valentino* (2018) y *El destino de las cosas últimas* (2018).

un tratamiento monológico de las identidades usurpadas. Las de Bruzzone, Gamerro y Néspolo no son novelas de terror sino que usan el fantasma, uno de sus dispositivos más eficaces, para narrar el horror de la violencia provocada por el terrorismo de Estado.

## Los fantasmas potentes de Mariana Enriquez

En la narrativa de Mariana Enriquez lo subjetivo se entrama en lo social y lo histórico deviene personal de una manera tan sutil que esa voz parece estar contándonos algo nuestro que ha quedado silenciado por espeluznante e inverosímil. Ya *Los peligros de fumar en la cama* (2009) pone en escena niños y adolescentes que ven y experimentan situaciones que involucran fantasmas, violencia y horror. *Las cosas que perdimos en el fuego* (2016) explora, justamente, un mundo de mujeres que se hartan de sus novios, de sus maridos, de sus padres. Lo terrorífico se va construyendo aquí entre la dispersión de la identidad que propicia la intemperie, la ajenidad siniestra que puede adquirir una casa de barrio -habitada o no-, la naturalización de la violencia en la ciudad o en las rutas provinciales, y ese entramado en el que brilla un Estado casi fantasma en los noventa o bien un grupo de policías corruptos que administran el delito.

En "La hostería" la forma extraña del hotel riojano que treinta años atrás había sido una "escuela de policía" se visualiza en palimpsesto con el pasado: "se parecía muchísimo a un cuartel" (*Las cosas que perdimos* 42). La invasión nocturna de dos adolescentes al lugar desencadena manifestaciones auditivas y visuales que remiten a un operativo paramilitar, refrendando así los rumores que corren sobre la hostería. Provoca pánico en las jóvenes y preocupación en la dueña, que mantiene oculta la leyenda. En "Tela de araña" los hombres, en una parrilla del camino hacia Corrientes, cuentan historias de fantasmas. Uno de los camioneros recrea el mito urbano de los cadáveres de desaparecidos que integrarían, encementados, los pilares de puentes y autopistas: "La milicada es capaz de poner a los finados ahí", remata el misionero para rubricar la veracidad del relato autorreferencial de aparecidos. La otra historia que se cuenta, en cambio, no se politiza remitiendo a hechos vinculados a la memoria histórica sino girando alrededor de un cuerpo de mujer que desaparece, un cuerpo estigmatizado por la cultura patriarcal: el de la suegra: "¡Se afanaron la casa rodante con la vieja adentro!", dice el narrador oral, observación que provoca carcajadas cómplices entre los presentes. Reclamada por su hija incluso hasta el tiempo que coincide con el presente de la enunciación, se esfuma para siempre. Solo queda la casa rodante vacía, hallada en Formosa, y los que escuchan las "historias" en ronda aseguran que si alguien es asesinado y lo "tiran" en la espesura de la selva o el monte, será imposible encontrarlo. Estos relatos serán el marco para otra desaparición, la del marido de la narradora protagonista, cuyos alcances no se sabrán porque concluye el cuento y todos parten a destinos lejanos. En *Las cosas que perdimos en el fuego* el tránsito es el extremo opuesto de la casa gótica: el movimiento, el viaje componen una línea de fuga que ayuda a combatir los peligros que acechan al hombre o la mujer sedentes. Hay espacios que conducen y contienen el mal y sus manifestaciones visibles o no, aunque saberlo no siempre salva a los protagonistas del desastre.

El fantasma como modo de representación de la violencia no solo remite a la presencia ominosa del Estado, como he señalado al principio.[97] Figura obsesiva de la narrativa de Enriquez, en "La casa de Adela" se trabaja literalmente con la idea de la casa fantasma, la casa monstruo, organismo vivo. Esa morada maldita se cobra dos vidas, la de Adela niña y la de Pablo, su amigo, que se suicidará once años después, el doble de vida desde que entró allí. No se sabe lo que la casa viene a decir; los sueños sugieren explicaciones pero no dan con ninguna más cierta que otra. Es un lugar donde también se anudan pasado y futuro y las consecuencias de cruzar su umbral son fatales.

En "Chicos que faltan" (*Los peligros de fumar en la cama*) esos chicos secuestrados o fugados –cuya muerte ha sido comprobada en casi todos los casos- que vuelven solo lo hacen en sus cuerpos. No se sabe qué son: podría decirse que representan un híbrido entre fantasma y zombi porque tienen comportamiento de horda. Uno de los episodios finales, tal vez de los más escalofriantes, reúne a esas jóvenes entidades de origen desconocido en una casa abandonada y funcionan ellas mismas como un organismo vivo comandado por Vanadis, la adolescente reviniente con resonancias de diosa nórdica. Fantasmas encarnados, faltan, pero cuando re-

---

[97] Enriquez trabaja con un variado abanico de fantasmas en *Las cosas que perdimos en el fuego* que no necesariamente representan un revival del pasado histórico: en "El patio del vecino" impera el fantasma propio alimentado por la culpa: el "chico" monstruo de la casa contigua en el lugar de la nena por la que despiden de su trabajo a la protagonista, que es trabajadora social. En "Verde amarillo naranja", a modo de crónica, se enumeran clasificaciones japonesas de espectros. El fantasma en clave de novela de horror, es central, por nombrar un caso contemporáneo, en dos novelas de Celso Lunghi: *Me verás volver* (2013) y *Seis buitres* (2016). He trabajado sobre este tema en Sandra Gasparini, "Últimas inflexiones de la narrativa argentina de terror".

gresan, sus padres y los organismos estatales les hacen entender que sobran, porque en esa metrópolis ruidosa y pasatista las memorias pueden descartarse como chips usados. Ese descarte los transformará en una potencia aterradora, pura carne paradójicamente evanescente, ya que no se sabe cómo ingresan a la casa abandonada y tapiada desde cuya ventana superior se los puede ver al final.[98]

## Casas y niñas

Ávalos Blacha comparte ese interés por la figura del fantasma como condensación simbólica de una violencia que quiere ser historia. En *Berazachussetts* el matrimonio Ligestri se pasea hace años con un cochecito como si el hijo muerto estuviera allí y todos le siguen la farsa. Por otra parte, Samy, la esposa del ex intendente que él mismo ordena matar se le aparece como espectro pero está viva y es quien cerrará la novela, triunfante: una fantasma que no está muerta y unos zombis que no parecen serlo, como Trash. El pasado en la novela se actualiza en un presente de venganza, de suspensión en una clandestinidad debida a los manejos corruptos del político. Los fantasmas no salen del ámbito subjetivo e individual: señalan la culpa paranoica de Saavedra y de Susana, a quien se le aparece el espectro de su marido, acusándola de asesinarlo.

En *Malicia* (2016), Ávalos Blacha vuelve al humor delirante de *Berazachussetts,* que se había teñido de una gozosa melancolía en los relatos entrelazados de *Medianera* (2011) y exige un lector competente en consumos mediáticos bastante especializados. El fantasma y su estela tenebrosa y sugestiva siguen siendo un elemento provocador si se los trata como aglutinantes de un conjunto de deseos, temores y reclamos no ya de un pasado oscuro que vuelve a golpear la puerta sino como el procedimiento más espectacular para requerir fama o justicia, en este mundo u otros, como ocurre con Celina, una niña fantasma que busca hacerse ver y oír en el ámbito de la farándula teatral en temporada veraniega. En este sentido, el registro despojado y naturalizador del relato contrasta con los sucesos narrados, sangrientos y extraños. *Una casa de pie* (2017), en cambio, opera directamente sobre el tópico de la casa embrujada, o mejor, de la casa-fantasma: en la primera página se asiste a los comienzos de una ex-

---

[98] Sobre la cuestión del fantasma en "Cuando hablábamos con los muertos", de Enriquez, y para otro aspecto de "Chicos que faltan", ver "Casas y memoria", en este mismo volumen.

traña amistad entre Mari Luz, niña fantasma que habita la mansión burguesa recientemente adquirida, y el narrador protagonista, hijo preadolescente de la pareja propietaria. En esta *nouvelle* se retoma la recuperación de un trauma –cuyo origen se encuentra en la exclusión social y la xenofobia– que debe ser resuelto en el presente por los vivos. Mari Luz fue víctima, como otras mujeres bolivianas que habían sido secuestradas para realizar trabajo textil esclavo, de un incendio fatal que había sucedido hacía algunas décadas en los talleres clandestinos de la casa en el centro porteño. A medida que ella juega con el protagonista se va desenhebrando su historia de horror en la que el patrón y su familia son artífices y cómplices de la masacre. Será la casa la que equilibre esa desigualdad que carece de correlato en el afuera: por cada asesinato que allí ocurra se hará justicia por las mujeres muertas. Desde ya que esa balanza sobrenatural revela la inequidad de la balanza social.

Algunos motivos del gótico y de la ciencia ficción vuelven en estas narraciones para decir otra cosa, otro miedo que se entrama o no en la maquinaria de la guerra, un miedo con raíz política: umbrales, marcos, espacios, contigüidad de lo ominoso con lo cotidiano, un nuevo terror urbano o lo siniestro que regresa como lo no dicho. El aparecido es el que vuelve buscando reparación, pidiendo que su historia se cuente de nuevo y focalizando otros detalles. El aparecido pretende imponer su relato. El zombi es puro ruido pero su fuerza está en una capacidad involuntaria, la de mostrar un revés adivinado aunque no aceptado del curso de la Historia.

## Paisaje, turismo y siniestro: notas sobre las sierras cordobesas y el monte chaqueño[99]

El paisaje en Occidente es sin dudas una representación, una construcción plagada de marcos estéticos, políticos, un recorte mayormente etnocéntrico que privilegia una mirada hegemónica. La unidad naturaleza-jardín, opuesta a la materia informe, es decir, el paisaje, fue constituyéndose en el arte en un proceso histórico que se inició en la Edad Media y llegó al romanticismo, luego del cual el paisajismo arcádico concluye; es el momento del mundo industrial (Aliata y Silvestri). No estoy diciendo nada nuevo. La lectura se amplía si a las reflexiones sobre paisaje se suman algunas consideraciones sobre turismo –la palabra inglesa "tourism" jerarquiza la cuestión del ir para volver–, desplazamiento en tiempo de ocio ya propio del *homo faber*, actividad que también compromete una industria y un negocio privado.[100] Sobre todo si se pone en juego el factor disruptor, el miedo, el extrañamiento, el horror, que no deberían ser sino sus antípodas.

La idea artística de disponer de la naturaleza sin incluir los cuerpos de los trabajadores en las escenas campestres, es decir, elidiendo los modos de producción, es una invención de los terratenientes ingleses que se deleitaban en sus mansiones luego de sus viajes, mientras observaban aquellos "agradables panoramas" sobre los que esperaban ejercer control (Williams). Como en el itinerario turístico, ni lo siniestro ni lo disruptivo deben desequilibrar la delicada calma de la estampa. En una serie de narraciones contemporáneas escritas mayormente por autores cordobeses el paisaje, intervenido por elementos amenazantes, o la destrucción misma de la arcadia construida, tienen un protagonismo muy grande. Su presencia es envolvente, y la relación de los hombres y las mujeres con él, determinante para sus vidas. La construcción literaria de las sierras de Córdoba y los paisajes serranos puede asociarse en las condiciones de producción, por un lado, con una solución medicinal paliativa de coyuntura para sectores adinerados y, por otro, con la emergencia de la sindicalización de la clase trabajadora (década de 1930, efectivizada a partir de 1945). Se las

---

[99] Inédito.
[100] Para una síntesis de la discusión etimológica de la palabra "turismo", ver Maximiliano Korstanje. "The Origin and meaning of Tourism".

asoció con las propiedades "curativas" del aire hasta mediados del siglo veinte, cuando abundaban los alojamientos y centros de tratamiento para personas con afecciones respiratorias (Arlt vivió allí por la enfermedad de su mujer, aunque situó "Ester Primavera" en un pueblo incierto; Puig escribió *Boquitas pintadas*).[101] Por otro lado, muchos sindicatos de trabajadores que florecieron durante el primer peronismo, construyeron entre 1943-1955 inmensos hoteles y diseñaron "colonias de vacaciones" que a su vez dieron trabajo a villas serranas en crecimiento y generaron un importante circuito turístico "gremial" de recursos moderados.[102] La tala indiscriminada de árboles –sobre todo la destinada a abastecer a Inglaterra durante la guerra del 14- y la modificación del paisaje a partir de la construcción de diques quebró, de década en década, las bondades de ese *microclima* bucólico que había llevado a los tisiólogos a pensarlo, antes del desarrollo de la medicina bacteriológica, incluso como factor de "elevación del espíritu" que incentivaba la curación (Carbonetti).

En algunos relatos de Federico Falco y de Luciano Lamberti el paisaje serrano se vuelve turbio y cómplice de fuerzas enemigas de hombres y mujeres, cuando no aliadas de lo sobrenatural. Esteban Castromán ha trabajado en ese sentido en su última novela, que transcurre en una localidad de esta provincia mediterránea argentina y Cesary Novek –como Lamberti- profundiza esos indicios siniestros con los elementos del horror.[103]

---

[101] Leopoldo Lugones y Juan Filloy, entre otros escritores cordobeses, han trabajado con ese paisaje de distintas maneras. El de esta lectura es un recorte que privilegia una flexión presente en la narrativa contemporánea. En cuanto a la estetización de ese paisaje en la literatura y su relación con la "cura climática" de enfermos de tuberculosis, ver Carbonetti. En los relatos analizados por el investigador contrastan el paisaje con el ambiente de decadencia y muerte experimentados por los pacientes en los sanatorios cordobeses.

[102] Si bien la estrella estival durante las dos primeras presidencias de Perón fue Mar del Plata, con la cesión de la playa Bristol a los nuevos turistas de clase media, lejanos de la elite que la ocupaba hasta la década de 1940, y donde se habían expropiado chalets del barrio de los ingleses para uso de los sindicatos, se instalaron también numerosos clubes de turismo en lugares de veraneo y se creó una importante colonia en Embalse, Río Tercero (Córdoba), además de aprovechar los hoteles que habían levantado las compañías británicas al construir los ferrocarriles, ahora nacionalizados (Torre y Pastoriza).

[103] Luciano Lamberti (1978) y Federico Falco (1977) nacieron en la provincia de Córdoba y Mariano Quirós (1979), en la de Chaco, aunque actualmente residen en la

## Pueblo al ras del suelo, vuelo en el pinar

> Tenía la dirección escrita en su agenda pero no necesitó consultarla: en el pueblo había un solo hotel, frente a la plaza.
> (Falco, "Un cementerio perfecto")

En "Ada" (Falco, *Un cementerio perfecto*) el paisaje cordobés de General Cabrera, locus repetido de la narrativa de Falco, es la *nada* de la pampa sarmientina. Un pueblo —coincidente con la tierra natal del autor empírico- del que es difícil escapar: su estructura colonial con la plaza en el centro de las cuadrículas no es un punto de fuga, sino de encuentro con las habladurías de otras mujeres. Tampoco es posible llevar a cabo el trasplante del roble que proyecta el ingeniero Bagiardelli de "Un cementerio perfecto" (Falco, *Un cementerio perfecto*), sin el cual la necrópolis encargada por el intendente de Coronel Isabeta no tendrá su "línea de fuga", "su remate triunfal". Si los pequeños pueblos son trampas, el paisaje bucólico, por su parte, opaca intereses económicos y corrupción: ni el cementerio queda terminado ni, probablemente, Bagiardelli pueda seguir practicando su vida nómade si acepta entrar a la casa de la señorita Mahoney al final.

En "Pinar" (Falco, *222 patitos*), el cuento se alimenta de la clásica trama de estudiantina que vacaciona en ámbitos naturales. Lo siniestro se anuncia en las primeras líneas: el narrador, Rume, acaba de salir de una "crisis e internación" y sus amigos quieren distraerlo. El conflicto emerge cuando las "pastillas" de Rume desaparecen. El pinar serrano siempre se mueve ominoso en la brisa pero lo será más cuando él sospeche que ha sido Shirley quien se las ha robado. Los indicios que apuntan a una prehistoria en la que Rume sufre ataques de pánico o angustia se diluyen en la experiencia final del grupo en el pinar, de madrugada: las píldoras que efectivamente son robadas no constituyen un ansiolítico sino probablemente drogas sintéticas. En ese suceso mágico final, en el que Shirley levita y se eleva hacia las nubes, el paisaje no es tan solo un decorado sino una sustancia psicoactiva. Ya cuando el grupo atraviesa el pinar, camino a un campamento que promete fiesta electrónica, el tiempo pierde su impostada lógica cronométrica:

---

ciudad de Buenos Aires. Cesary Novek (1982) es entrerriano aunque está instalado en Córdoba. Esteban Castromán (1975) nació y vive en Buenos Aires.

> Mario nos hizo doblar a la derecha y tomar un sendero que se internaba en el bosque… Los troncos de los pinos absorbían hasta el último sonido y solo escuchábamos nuestros pasos rítmicos sobre la pinocha y nuestras voces, que llegaban como envasadas al vacío, como si habláramos envueltos en frazadas (Falco, *222 patitos* 130-131)

El tiempo de la caminata de ida parece durar media hora. Y es un parecer porque tanto la resina que rezuman los pinos como sus crujidos simulan la instalación de otro devenir temporal, desgajado del vivenciado por los amigos. El chico que atiende el bar del camping es quien los ubica en el espacio y en el tiempo *real*: ellos son los que se alojan en las cabañas de Pullanta, aunque el grupo dice ignorarlo, y además, sugiere que están bastante lejos (deben haber tardado más de media hora). Lo cierto es que han llegado demasiado tarde para participar de una fiesta electrónica, a la que acceden solamente en el relato del improvisado barman. El regreso está más enturbiado por indicios atemorizantes:

> casi enseguida, los fustes de los árboles se cerraron a nuestro alrededor y el bosque se volvió negro y comenzamos a caminar por el pinar oscuro, bajo el cielo opaco de nubes, sin estrellas, y yo casi enseguida me empecé a sentir mal (Falco, *222 patitos* 136)

Perderse en el "paisaje" es hallar un camino hacia la propia introspección, es decir, salir de la ruta trazada e ingresar en lo animal, en el miedo atávico, en el lado oscuro del *tour*. "Nos perdimos, nos perdimos", se dice el protagonista. Se camina en círculos (como en el monte chaqueño de Quirós, como en el bosque de Novek): se pierde la huella; la selva o el pinar todo lo tragan en su afán de expulsar a los profanadores. El otro paisaje parece ser el único asequible, el del viaje de la droga sintética, el *trip* más que el *tour*. Es el que finalmente logran Shirley, la ladrona de pastillas, y Emilio, el preadolescente perdido en una ruta cordobesa después de consumir metanfetamina en una fiesta electrónica en las sierras durante sus vacaciones familiares (Castromán, *Las rocas y las bestias*). Consumo, este último, que divide literalmente la novela en dos partes (capítulos del 1 al 8 y "Casatanque").

En "Ya no gritan" (Novek 90), Patán, un artesano y malabarista se interna en un bosque, seducido por la promesa de "un lugar específico en el que te podías sentar y sentir una serenidad absoluta. Algo así como alcanzar el Nirvana con solo sentarse en el piso". Pero también se pierde.

La oscuridad lo turba, aunque más lo inquieta la ausencia de sonido: en un ambiente natural, en el que la vida desborda, el silencio es muerte. Encuentra varios muñecos sin rostro, del tamaño de personas, colgados o sentados en los árboles y dos hombres sospechosos que lo invitan a pasar a una casa escondida en el follaje. Al negarse y salir a la carrera, Patán concluye, cuando relata la experiencia durante un asado entre amigos, que el infierno puede ser "cualquier lugar del que no te podés ir": como en los otros relatos, las fuerzas ocultas de una *sobrenaturaleza* conspiran para castigar la curiosidad y soberbia urbanas, y así sucederá con el narrador. La ausencia de signos de la cultura en el caos del bosque o del monte es el comienzo del camino hacia la locura o la muerte:

> ¿En qué momento se perdió? No lo sabía. Esos caminos de tierra eran intrincados, nacían o desaparecían un poco a la bartola y más de una vez Eduardo, que los transitaba regularmente, se había visto en la necesidad de frenar el auto, volver atrás, meterse entre los yuyos altos, esquivar baches y detenerse, al fin a preguntar por indicaciones a un gringo que se rascaba la nuca mirando el horizonte, perdido él también. (Lamberti, *La casa de los eucaliptos* 11)

## Intraturismo

> "La mejor forma de vivir en Córdoba es no salir de tu casa"
> (Lamberti, "El libro del año", *Plan para una invasión*)

Así comienza "Los caminos internos", donde el protagonista, médico rural, se interna en los que él concibe como *pasajes secretos* que "no figuraban en los mapas y recorrían el país por dentro, como un inmenso sistema circulatorio". Hay un tránsito siniestro que parece conducir a los relatos del volumen a un mismo centro en el paisaje rural, esa "casa, a lo lejos, oscura entre los eucaliptus" que parafrasea el título de un cuento y del libro. El núcleo del mal –interno, como los caminos, y doble, como lo siniestro y esa "vocecita" que lo llama "Señor Fracaso"- se asienta en una casa en el paisaje perdido, en un entorno rural gótico, el que experimenta Renato Viña en "La casa de los eucaliptus". En "Los caminos internos", la casa de la señora Bellacua, paciente que debe visitar el médico, parece inhallable, en cambio, un túnel formado por la copa de los árboles lo conduce a un pueblo que le recuerda al abandonado en la adolescencia y donde vuelve a encontrarse con el pasado infantil, intacto por el tiempo. El resultado de su viaje no será el previsto sino la inesperada y fugaz posibilidad de recuperar la casa de su infancia, con unos padres que se saben muertos pero que al cabo lo reciben ansiosos por novedades. La quimera, desde ya, se rompe abruptamente en el final cuando queda claro que ese lugar no es el que él cree sino su reverso atroz. El *tour* involuntario ha sido completo: abarca toda la vida. Porque una cosa es turismo, la voluntad de emprender un viaje a un destino deseado y planificado, y otra, el desvío fatal ocurrido en un sitio donde otros hacen turismo, el azar de habitar los rincones oscuros y vacíos de un paisaje que obtura engañosamente fuerzas inmanejables.

Renato también sale de la pequeña ciudad donde vive y se "intern[a] en el campo" sin saber adónde se dirige. Estos turistas involuntarios por el paisaje interior, por los *pasajes secretos* tienden a perderse para no volver, atraídos por ese detalle salvaje, ese caos que no constituye paisaje, como "un camino de tierra que se abría al costado". Ese sendero – ya codificado por la narrativa tradicional como el desvío en el bosque hacia lo intransitable, hacia las garras del monstruo- lo conduce a una arcadia engañosa inmersa en el campo productivo que, al final, desemboca "en una mancha oscura que no tardó en revelarse como los altos árboles que rodeaban una casa de campo" (Lamberti, *La casa de los eucaliptos* 24). Entonces, en ese locus gótico, en ruinas, mudo, sin pájaros ni insectos, amparado por una deidad maligna a la que llama la Visita, Viña –la homofonía adelanta el doblez- se labra un destino, el de un femicida. La presencia, materializada en la casa en un ser con las dimensiones y las patas de un toro y ramas en la cabeza, "la madre de todos los dioses de la Tierra", le ordena a Viña asesinar mujeres con el fin de darles una reprimenda brutal motivada por sus morales sexuales no ajustadas a la vida pueblerina. El cuento concluye con un viaje hacia la interrupción de los feminicidios, que supone el final de la familia propia en una inmolación total que solo se insinúa: el reingreso en un paisaje hacia la nada, en la ruta cordobesa.

En "La actividad forestal" (Falco, *Un cementerio perfecto*) hay un mecanismo por el cual el narrador en tercera persona va desplazando el relato de la relación entre padre e hija hacia la presencia ominosa del pinar serrano –suerte de paraíso atávico ¿e incestuoso?- del que ambos son expulsados por la empresa que tala. La trama nómade se desliza desde el desgarro que implica esa separación y la impúdica oferta de la hija a los hombres del pueblo para que alguno conviva con ella y a su vez pague su internación en un geriátrico, hasta la vuelta del viejo Wullrich al pinar que lo termina, de algún modo, matando y recibiendo entre sus árboles. Los afectos y los pinos van creciendo de manera lenta: así, el cálculo que hace Wullrich frente al camionero que lo lleva de vuelta, desde el tiempo transcurrido cuando él plantó hace muchas décadas el pinar hasta su tala total es casi toda su vida, que contiene la de su hija. Nace y muere allí, como los pinos. El pinar es un organismo vivo. La que logra desarraigarse para instalarse en un valle de flores cultivadas por japoneses, de los cuales uno acepta la "oferta" paterna, es la hija.

Los paisajes construidos para el turismo tienden su trampa a los visitantes en complicidad con los lugareños: el protagonista de *Las rocas y las bestias*, víctima de un *loop* espacio temporal propiciado por drogas sintéticas, el pinar del cuento homónimo (Falco) que es el camino de fuga hacia otra dimensión, los senderos de "Los caminos internos" (Lamberti) que pierden a los forasteros para siempre. El turismo (*tourism*) termina siendo una *vuelta* que repliega a los sujetos sobre sí mismos o los expulsa de la tranquila cotidianeidad urbana cuando lo que van a buscar es una supuesta paz y comunión con la naturaleza. Tampoco hay sosiego ni ecocomunión posible sino reciclaje: lo humano vuelve a la tierra como detritus. Por ese motivo quizás *El alud* (Castromán) es la novela que mejor funciona como una condensación en negativo de lo que las empresas de turismo argentinas han urdido sobre el paisaje brasileño: parajes paradisíacos, aventura y sosiego *todo en uno* tienen su reverso ambientalista y postapocalíptico en la epidemia zombi.[104]

## Antiturismo

> En las cañadas de mi sierra verde,
> Sube tanto el maizal cuando se logra,
> Que con caballo y todo nos perdíamos
> En las chacras sonoras,
> Buscando las espigas que manchaba
> Una coloración morada o roja,
> Que es antojo, decíannos las viejas,
> De cuando está preñada la mazorca.
> "A los ganados y las mieses", *Odas seculares*, Leopoldo Lugones

¿Qué ocurre cuando la naturaleza no puede encuadrarse en paisaje? Cuando es caos no es imposible estetizarla pero es difícil construir

---

[104] Para una lectura de *El alud*, ver "El aparecido y la horda", en este mismo volumen.

paisaje donde solo hay pastizales, ríos legamosos, ranchos destruidos y animales acechantes. Horacio Quiroga fue quien de manera más contundente contó la selva litoraleña, sus cursos de agua, sus animales e imaginó hombres y mujeres lidiando con sus tragedias. Con *Una casa junto al Tragadero* (2017), Mariano Quirós vuelve a poner a la naturaleza salvaje, en este caso el monte chaqueño, en el papel de amo de mujeres y hombres. Reinstala ese no-paisaje de Quiroga: el monte *cambia* a las personas, que ingresan en una dimensión mágica dentro de un tiempo que puede correr en reversa o en círculos, pero nunca de manera cronológica. El Mudo, el protagonista, es letrado y citadino, aunque su única conexión con la ciudad sea un perturbador llamado telefónico que hace a Resistencia. Su encuentro violento se da con lo natural y lo sobrenatural: los efectos de ambos son devastadores y parecen estar íntimamente vinculados. En Colonia (Benítez) la naturaleza es incontrolable. El río Tragadero engulle, literalmente, todo lo que intenta surcarlo. Las casas en el monte no tienen dueño, son de la tierra. Los pájaros pueden llegar a enloquecer a los que se pierden en el camino[105], *meterse en su cabeza*. Del monte no se sale una vez que se entra. Un grupo de jóvenes ambientalistas intentan pasar unos días en una residencia abandonada cercana al rancho del Mudo: un ejercicio snob de "turismo cultural" o de "ecoturismo" con consecuencias fatales que los propone como meros espectadores de una otredad impostada, ya que son oriundos de la capital provincial o de algún pueblo cercano.[106] La defendida vida silvestre exige algunas inmolaciones y no hace diferencias.

Novek ("Lo que haría un héroe") ubica en la periferia de un campo de maíz, detrás de un barrio militar, unas gigantescas orugas mutantes que engullen al primo del protagonista, de visita en el pueblo. Así como el monte tiene sus ruidosos guardianes, la región productiva de los pueblos cerealeros cordobeses los tiene silenciosos.

## El canto del cisne

Cada familia tiene su canción, la canción que canta todos los días. Una canción hecha de pequeños gestos que les permite vivir juntos, dejar pasar el tiempo, no pensar. Mientras se canta esa canción, el fuego arderá en alguna parte. Y si la canción se calla, la familia explota como una gran

---

[105] Esta cuestión aparece desarrollada en "Pájaros de la cabeza" (Quirós, *Torrente*).
[106] Para una discusión de los conceptos de "turismo cultural" y "turismo creativo", ver Korstanje, M., George, B. & Echarri Chavez M.

bomba y sus miembros son esparcidos como esquirlas en cualquier dirección. Por eso cantamos todos los días lo mismo: para permanecer juntos. Para que el fuego siga encendido (Lamberti, "La canción que cantábamos todos los días", *El loro*)

El fantástico es un modo que permite contar de una manera muy intensa la dislocación, la ruptura, porque es, de por sí, una irrupción. La grieta central que se abre en muchos de estos relatos es la que muestra la disolución de la familia tradicional como se la conoció hasta fines del siglo XX. La huida al monte, a la casa entre los eucaliptus, la vuelta de un hermano que se pierde en el bosquecito de la sierra y vuelve en versión *"algo en el cuerpo de mi hermano"* (Lamberti, "La canción que cantábamos todos los días", *El loro*), el camino que lleva al pueblo perdido de la infancia en un *tour* siniestro ("Los caminos internos"), la aventura disociada de Emilio, desencontrado con su familia, atrapado en un tiempo *remixado* (*Las rocas y las bestias*).[107]

Que en paisajes exaltados por el turismo gremial y construidos como arcádicos por la medicina paliativa del siglo XX emerjan estos elementos propios del gótico como la ruina, la casa abandonada, la casa-trampa, el bosque maldito, el asesino serial, el monstruo comeniños o los signos de la destrucción ambiental muestra el interés de la narrativa fantástica contemporánea argentina por delinear el mapa de un agujereado bienestar que la clase media aburguesada ha ido perdiendo. Lejos de un tono regionalista o folklorizante, estos narradores sobreescriben con letra grande componiendo un palimpsesto en el que se adivinan tanto motivos frecuentes de la narrativa oral y mitológica (Quirós, de hecho, ha narrado de manera novedosa sobre lobisones, duendes y luz mala, al igual que Novek) como el desvío de esa sierra verde y productiva de Lugones -tal vez inspirada en su estancia en la entonces colonia cordobesa de San Francisco-, quien no obliteraba la mano de obra inmigrante que pondría a la cabeza de la oda en el Centenario.[108] "Una ética del mal", dice el sanfrancisqueño Lamberti en un reportaje de 2017: eso es la literatura, o eso es lo que narra, lo que está fuera de la ley.

---

[107] Aunque no se trata de un cuento fantástico, en "Las liebres" (Falco, *Un cementerio perfecto*) el protagonista huye del pueblo al paisaje serrano, en el que vive de lo que recolecta o caza. La que fue su esposa le lleva, de vez en cuando, víveres.

[108] Ver, por ejemplo, "Lobisón de mi alma" y "Toda la luz mala", en Quirós (*La luz mala dentro de mí*, 2016), y "La oveja negra", en Novek (*La configuración del silencio*).

Finalmente, adónde nos llevan esos "pasajes" es algo que estas ficciones, aviesamente, no clausuran. Siguiendo a Marcelo Cohen ("Del pasaje"), al revés que en la literatura realista

> Las ficciones de mundos posibles o imposibles (…) han ido acumulando su propio archivo de ítems inventados, que es la que permite al lector inferir los datos de paisaje, identidades o circunstancias que el relato da por sentado o sugiere vagamente. Ese es el bagaje que la literatura quiere traerse a nuestro mundo para apreciar mejor su vastedad real, y para eso la evasión tiene que ser radical. Pero está en duda que el pasaje de vuelta sea efectivamente posible. (*Notas sobre la literatura* 84)

# BIBLIOGRAFÍA

Abraham, Carlos. "Raimunda Torres y Quiroga: Precursora de la literatura fantástica argentina". En Torres y Quiroga, Raimunda. *Historias inverosímiles*. Temperley: Tren en Movimiento, 2014. Pp. 9-70.

---. "Raimunda Torres y Quiroga". *La literatura fantástica argentina en el siglo XIX*. Buenos Aires: Ediciones Ciccus, 2015. Pp. 299-335.

Acevedo Esplugas, Ricardo (comp.). *El libro de los muertos vivos. Cuentos de zombies*. Buenos Aires: Ediciones Lea, 2013.

Aira, César. *La cena*. Rosario: Beatriz Viterbo, 2006.

Adamo, Noelia. "Mujeres metálicas. Reflexiones en torno a la mujer en el heavy metal argentino". En Scaricaciottoli, Emiliano (comp.). *Parricidas. Mapa rabioso del metal argentino contemporáneo*. Buenos Aires: La Parte Maldita, 2018.

Agamben, Giorgio. *Homo Sacer. El poder soberano y la nuda vida*. Valencia: Pre-Textos, 1998.

Alcoba, Laura. *La casa de los conejos*. 2007. Buenos Aires: Edhasa, 2010. 1era. edición en castellano: 2008. [Originalmente: *Manèges. Petite histoire argentine*. Paris: Gallimard].

Altamirano, Carlos. "El Orientalismo y la idea de despotismo en el *Facundo*". Carlos Altamirano y Beatriz Sarlo. *Ensayos Argentinos. De Sarmiento a la Vanguardia*. Buenos Aires: Ariel, 1997. Pp. 83- 102.

Amícola, José. *La batalla de los géneros. Novela gótica versus novela de educación*. Buenos Aires: Beatriz Viterbo, 2003.

Angenot, Marc. "Science Fiction in France before Verne". Traducción de J.M. Gouanvic y D. Suvin. En *Science Fiction Studies* n° 14, vol. 5, Part 1, March 1978.

Ansolabehere, Pablo. "La vida bohemia en Buenos Aires (1880-1920)". Paula Bruno (comp.), *Sociabilidades y vida cultural. Buenos Aires 1860-1930*. Bernal: Editorial de la Universidad Nacional de Quilmes, 2014. Pp. 155-186.

---. "Pampa gótica: el origen del terror en la literatura argentina". *Miradas y saberes sobre lo monstruoso*. Buenos Aires: Editorial de la Facultad de Filosofía y Letras, 2011. Pp. 59-68.

Areco, Macarena. "Ciencia ficción chilena reciente: mal, duelo y globalización en identidad suspendida de Sergio Amira". *Anales de Literatura Chilena*. Año 9, Diciembre de 2008. Número 10. Pp. 193 – 199. Web. https://reposito-rio.uc.cl/bitstream/handle/11534/1173/514307.pdf?sequence=1

Armus, Diego. "El descubrimiento de la enfermedad como problema social". En Lobato, Mirta Zaida (dir.). *Nueva historia argentina. El progreso, la modernización y sus límites*. Tomo V. Buenos Aires: Sudamericana, 2000. Pp. 507-551

Ávalos Blacha, Leandro. *Berazachussetts*. Buenos Aires: Entropía, 2007.

---. "Tan real". En *El libro de los muertos vivos. Cuentos de zombies*. Pp. 23-29.

---. *Malicia*. Buenos Aires: Entropía, 2016.

---. *Medianera*. Villa María: Eduvim, 2011.

---. *Una casa de pie*. Buenos Aires: Clase Turista, 2017.

Babini, José. *Historia de la ciencia en la Argentina*. Buenos Aires: Solar, 1986.

Barcia, Pedro Luis. *Un inédito Diccionario de Argentinismos del siglo XIX*. Buenos Aires: Academia Argentina de Letras, 2006.

Batticuore, Graciela. *La mujer romántica. Lectoras, autoras y escritores en la Argentina: 1830-1870*. Buenos Aires: Edhasa, 2005.

---. "La novela de la historia". Iglesia, Cristina (comp.). *El ajuar de la patria. Ensayos críticos sobre Juana Manuela Gorriti*. Pp. 13-27.

Bawden, Guillermo, y Cesary Novek. *Letra muerta. Una novela en la Argentina postapocalíptica*. Córdoba: Fan ediciones/Llanto de mudo, 2012.

Bell, Andrea. "Desde Júpiter: *Chile's Earliest Science-Fiction Novel Science Fiction Studies*". En *Science Fiction Studies*, vol. 22, núm. 66, parte 2, julio de 1995. Web. http://www.depauw.edu/sfs/back-issues/66/Bell.html.

Bellemin-Noël, Jean. "Notes sur le fantastique (textes de Théophile Gautier)". *Littérature 8. Le fantastique*, diciembre. Paris: Larousse, 1972. Pp. 3-23

Bergara, Hernán. "Utopismo y supervivencia (Alberto Laiseca y César Aira)". En Monteleone, Jorge (ed.). *Una literatura en aflicción*. Tomo 12 de Jitrik, Noé (dir.). *Historia crítica de la literatura argentina*. Buenos Aires: Emecé, 2018. Pp. 683-710.

Botting, Fred. "Horror". En *The Handbook to Gothic Literature*. Pp. 123-131.

Braidotti, Rosi. *Metamorfosis Hacia una teoría materialista del devenir*. 2002. Madrid: Ediciones Akal, 2005. Trad. de Ana Varela Mateos.

Bruzzone, Félix. *Los topos*. Buenos Aires: Mondadori, 2008.

Buret, María Florencia. "La encrucijada feminista en la escritura de Raymunda Torres y Quiroga". *Plurentes*, año 6, n°. 7, 2017. Web. https://revistas.unlp.edu.ar/PLR/article/view/1380

Burzi, Juan José. "Tania". En *El libro de los muertos vivos. Cuentos de zombies*. Pp. 115-120.

Calveiro, Pilar. *Poder y desaparición: los campos de concentración en Argentina*. Buenos Aires: Colihue, 2004.

Cané, Miguel. *Juvenilia*. 1884. Buenos Aires: Editorial Trazo/ Editores Unidos Argentinos, 1962.

Capanna, Pablo. *Ciencia ficción, utopía y mercado*. Buenos Aires: Cántaro, 2007.

---. "Las fases de Levrero". *Inti: Revista de literatura hispánica*. 45, 1997. Pp. 299-303. Web. http://digitalcommons.providence.edu/cgi/viewcontent.cgi?article=1979&context=inti

Carbonetti, Adrián. "Tuberculosis y literatura en Córdoba en la primera mitad del siglo XX". *Cuadernos de Historia*, Serie Ec. y Soc., N° 5, Secc. Art. Córdoba: CIFFyH-UNC, 2002. Web. https://revistas.unc.edu.ar/index.php/cuadernosdehistoriaeys/article/viewFile/9896/10576

Castagnino, Raúl. *Sociedades literarias argentinas (1864-1900). Trabajos, comunicaciones y conferencias XI*. La Plata: Facultad de Humanidades y Ciencias de la Educación, UNLP, 1967.

Castellanos, Joaquín. *Ojeadas literarias*. Buenos Aires-La Plata: E. de Mársico Editor, 1886.

Castro, Andrea. "Edgar A. Poe en castellano y sus reescritores: el caso de 'The Oval Portrait'". En Castro, Andrea, Ana María Morales y José Miguel Sardiñas (eds.). *Anales Nueva Época*. No. 11, "Lo fantástico: Norte y Sur". Goteborg: Departamento de Estudios Globales, Göteborgs Universitet, 2008. Web. https://gupea.ub.gu.se/bitstream/2077/10432/1/gupea_2077_10432_1.pdf.

---. *El encuentro imposible. La conformación del fantástico ambiguo en la narrativa breve argentina (1862 - 1910)*. Göteborg: Acta Universitatis Gothoburgensis, 2002.

Castromán, Esteban. *El alud*. Buenos Aires: Mansalva, 2014.

---. *Las rocas y las bestias*. Buenos Aires: Editorial Marciana, 2018.

---. *Pulsión*. Buenos Aires: Paradoxia libros, 2011.

Catalin, Mariana "Vida, imaginación, literatura, muerte: sobre *Lu ciana. Plaga xombi sodomita* de El púber P". *IV Coloquio Internacional Literatura y Vida, Rosario, 8, 9 y 10 de junio. Celarg. Actas Congreso Cuestiones Críticas*. 2016. https://www.cetycli.org/trabajos/catalin.pdf.

Cavarero, Adriana. *Horrorismo. Nombrando la violencia contemporánea*. 2007. Traducción de Saleta de Salvador Agra. Barcelona: Anthropos Editorial/ Universidad Autónoma Metropolitana-Iztapalapa, 2009.

Chelebourg, Christian. *Jules Verne. La science et l'espace. Travail de la rêverie.* Paris-Caen: Lettres modernes Minard, 2005.

Cohen, Jeffrey Jerome. "Monster Culture: Seven Theses". En Cohen, Jeffrey Jerome (ed.). *Monster Theory: Reading Culture.* Minneapolis–London: Minnesota University Press, 1996.

Cohen, Marcelo. *¡Realmente fantástico! y otros ensayos.* Buenos Aires: Grupo Editorial Norma, 2003.

---. *Notas sobre la literatura y el sonido de las cosas.* Barcelona: Malpaso, 2017.

Convertini, Horacio. *Los que duermen en el polvo.* Buenos Aires: Alfaguara, 2017.

Cortés Roca, Paola. "El misterio de la cuarta costilla. Higienismo y criminología en el policial médico de Eduardo L. Holmberg". *Iberoamericana* año III, n° 10, junio. Pp. 67-78. 2003.

Cortés Rocca, Paola. "Etnología ficcional. Brujos, zombis y otros cuentos caribeños". *Revista Iberoamericana.* Vol. LXXV, 227, Abril-Junio, 2009. Pp. 333-347.

Davis, J. C. *Utopía y la sociedad ideal. Estudio de la literatura utópica inglesa, 1516-1700.* México: Fondo de Cultura Económica, 1985.

De Certeau, Michel de. *La invención de lo cotidiano. T. 1. Artes de hacer.* 1990. México: Universidad Iberoamericana, 1996.

De Parville, Henri. *Un habitant de la planète Mars.* Paris: J. Hetzel, 1865.

De Rosso, Ezequiel (comp. y pról.). *La máquina de pensar en Mario. Ensayos sobre la obra de Levrero.* Buenos Aires: Eterna Cadencia, 2013.

Dellepiane, Ángela. *"Viaje maravilloso del Señor Nic-Nac*: primera novela argentina de ciencia ficción". Gaetano Massa (ed.). *La mística spagnola: Spagna America latina.* Roma: Dowling College, 1989. Pp. 209-231.

De Santis, Daniel. *A vencer o morir: PRT-ERP documentos.* Volumen 2. Buenos Aires: Eudeba, 2000.

Domínguez Nimo, Hernán. *Los muertos del Riachuelo.* Buenos Aires: Interzona Pulp, 2018.

Domínguez, Nora (comp.). *Miradas y saberes sobre lo monstruoso.* Buenos Aires: Editorial de la Facultad de Filosofía y Letras, 2011.

Drezner, Daniel W. *Theories of International Politics and Zombies.* New Jersey: Princeton University Press, Princeton And Oxford, 2011.

Drucaroff, Elsa. *Los prisioneros de la torre. Política, relatos y jóvenes en la postdictadura.* Buenos Aires: Emecé, 2011.

Durán, Valeria. "La vecindad del horror. Pasado y presente en el entorno de los (ex)centros clandestinos de detención". En Huffschmid,

Anne y Durán, Valeria (eds.). *Topografías conflictivas*. 2012. Pp. 293-305.
Echevarría, Ignacio. "Levrero y los pájaros". En Pablo Silva Olazábal (ed.). *Conversaciones con Mario Levrero*. 2013. Pp. 171-182.
Enriquez, Mariana. *Las cosas que perdimos en el fuego*. Barcelona - Buenos Aires: Anagrama, 2016.
---. *Los peligros de fumar en la cama*. Buenos Aires: Emecé, 2009.
Esposito, Roberto. *Bíos. Biopolítica y filosofía*. Buenos Aires: Amorrortu, 2006.
Falco, Federico. *222 patitos y otros cuentos*. 2014. Buenos Aires: Eterna Cadencia. 2da reimpresión, 2016a.
---. *Un cementerio perfecto*. Buenos Aires: Eterna Cadencia, 2016b.
Feijoó, Cristina. *La casa operativa*. Buenos Aires: Planeta, 2006.
Fernández Gonzalo, Jorge. *Filosofía zombi*. Barcelona: Anagrama, 2011.
Ferro, Gabo. *Barbarie y civilización. Sangre, monstruos y vampiros durante el segundo gobierno de Rosa*. Buenos Aires: Marea, 2008.
Figueras, Fernando. "Zombra". En *El libro de los muertos vivos. Cuentos de zombies*. 2013. Pp. 123-146.
Foucault, Michel. *Vigilar y castigar. Nacimiento de la prisión*. 1975. Buenos Aires: Siglo XXI, 1989.
Frabetti, Carlo, y Ludolfo Paramio. "Introducción a la SF como literatura crítica". *Nueva dimensión, revista de ciencia ficción y fantasía*. 4 de febrero, 1971. Pp. 133-136.
Freud, Sigmund. *Tótem y tabú y otras obras. Obras completas*. Tomo 13. Buenos Aires: Amorrortu, 1991.
Fuentes, Pablo. "Levrero, el relato asimétrico". En *La máquina de pensar en Mario. Ensayos sobre la obra de Levrero*. Ed. Ezequiel De Rosso. 2013. Pp. 27-38.
Gamerro, Carlos. *El secreto y las voces*. Buenos Aires: Edhasa, 2011.
Garber, Marjorie. *Vested Interests: Cross-Dressing & Cultural Anxiety*. New York and London: Routledge, 1992.
García Mérou, Martín. *Recuerdos literarios*. 1891. Buenos Aires: Eudeba, 1973.
Garrett, Greg. *Living with the Living Dead. The Wisdom of the Zombie Apocalypse*. New York: Oxford University Press, 2017.
Gasparini, Sandra. "El Círculo Científico Literario en la década de 1870. Polémicas y promesas durante la modernización". En Paula Bruno (ed.). *Sociabilidades y vida cultural. Buenos Aires 1860- 1930*. Bernal: Editorial de la Universidad Nacional de Quilmes, 2014. Pp. 59-90.

---. "Zombis, fantasmas y la representación de la violencia en la narrativa argentina reciente". En *XXVII Jornadas de Investigadores del Instituto de Literatura Hispanoamericana Facultad de Filosofía y Letras (Universidad de Buenos Aires)*. ILH: Instituto de Literatura Hispanoamericana. Marzo de 2015. Web. http://ilh.institutos.filo.uba.ar/sites/ilh.institutos.filo.uba.ar/files/Gasparini%2C%20Sandra_0.pdf.

---. *Espectros de la ciencia. Fantasías científicas de la Argentina del siglo XIX*. Buenos Aires: Santiago Arcos, 2012.

---."Medicina y literatura: los remedios literarios del Dr.Wilde". En *El taco en la brea. Revista del Centro de Investigaciones Teórico–literarias –CEDINTEL– FHUC / UNL*, Año 5, N° 7, mayo de 2018. Pp. 134–143. Dossier *Imaginarios de la ciencia*, Santa Fe, Argentina: UNL. Web. DOI: https://doi.org/10.14409/tb.v0i7.7360

---."Últimas inflexiones de la narrativa argentina de terror: las novelas de Celso Lunghi". En *Estudios de Teoría Literaria. Revista digital: artes, letras y humanidades*, marzo de 2018, vol. 7, n° 13. Pp. 51-59. Web. http://fh.mdp.edu.ar/revistas/index.php/etl/article/viewFile/2422/2633

Gayol, Sandra. *Sociabilidad en Buenos Aires: hombres, honor y cafés. 1862 – 1910*. Buenos Aires: Ed. del Signo, 2000.

González, Cecilia. "Una retórica de la influencia". En *Cahiers de LI.RI.CO*, 4 , 2008. Web. DOI : 10.4000/lirico.452

Gordon, Avery. *Ghostly Matters Haunting and the Sociological Imagination*. Minnesota: University of Minnesota Press, 2008.

Gorriti, Juana Manuela. *Sueños y realidades. Obras completas de la Señora Doña Juana Manuela Gorriti publicadas bajo la dirección de Vicente G. Quesada*. Tomo segundo. Buenos Aires: Imprenta de Mayo de C. Casavalle Editor, 1865.

---. *Ficciones patrias*. Prólogo de Graciela Batticuore. Barcelona: La Biblioteca Argentina–Clarín, 2001.

Grüner, Eduardo. "Arte y Terror: una cuestión 'moderna'". *Pensamiento de los Confines*. 18, 2006. Web. http://revolucoes.org.br/v1/sites/default/files/arte_y_terror_una_question_moderna_0.pdf.

Haywood Ferreira, Rachel. "El viaje a Marte en la imaginación argentina ayer y hoy: *Viaje maravilloso del Señor Nic-Nac al planeta Marte de Holmberg* y *Viaje a Marte de Zaramella*". *Revista Iberoamericana*, núm. 78. 2012. Pp. 238–239.

Hogle, Jerrold E. (ed.). "Introduction". En *The Cambridge Companion To*

*Gothic Fiction.* New York: Cambridge University Press, 2002.

Holmberg, Eduardo L. *Viaje maravilloso del Señor Nic Nac al planeta Marte.* Ed. Pablo Crash Solomonoff. 1876. Buenos Aires: Biblioteca Nacional - Ediciones Colihue, 2007.

---. *Cuentos fantásticos.* 1957. Ed. Antonio Pagés Larraya. Buenos Aires: Edicial, 1994.

Huffschmid, Anne y Durán, Valeria (eds.). *Topografías conflictivas. Memorias, espacios y ciudades en disputa.* Buenos Aires: Nueva Trilce, 2012.

Iglesia, Cristina. *Dobleces. Ensayo sobre literatura argentina.* Buenos Aires: Modesto Rimba, 2018.

---. (comp.). *El ajuar de la patria. Ensayos críticos sobre Juana Manuela Gorriti.* Buenos Aires: Feminaria Editora, 1993.

Iglesias, Lorena. "Irnos lejos". En *El libro de los muertos vivos. Cuentos de zombies.* 2013. Pp. 105-112.

Jameson, Fredric. *Archaeologies of the Future: The Desire Called Utopia and Other Science Fictions.* Londres: Verso, 2005.

Jelin, Elizabeth. *Los trabajos de la memoria.* Madrid: Siglo XXI, 2002.

Joven, Julián. *Un pequeño mundo enfermo.* Rosario: La Bola Editora, 2014.

Keizman, Betina. "Mario Levrero: la máquina del relato o pensamiento, arte literario e imagen". *III Congreso Internacional Cuestiones Críticas Rosario.* 2013. Web. http://www.celarg.org/int/arch_publi/keizman_betinacc.pdf.

Kohan, Martín. "La idea misma de ciudad". En *La máquina de pensar en Mario. Ensayos sobre la obra de Levrero.* Ed. Ezequiel De Rosso. 2013. Pp. 113-126.

Korstanje, Maximiliano. "The Origin and meaning of Tourism: Etymological study". En *e-Review of Tourism Research* (eRTR). Vol. 5, No. 5, 2007) Web. http://ertr.tamu.edu.

Korstanje, Maximiliano, George, Babu y Echarri Chavez, Maite. "The Dark Side of creative tourism: a philosophical dialogue with culture". En Korstanje M. *Critical Essays in Tourism Research.* New York: Nova Science, 2018. Pp. 2-29. Web. https://www.academia.edu/35665739/THE_DARK_SIDE_OF_CREATIVE_TOURISM_A_PHILOSOPHICAL_DIALOGUE_WITH_CULTURE

Kozameh, Alicia. *Pasos bajo el agua.* Buenos Aires: Editorial Contrapunto, 1987.

Laera, Alejandra. "El escritor ante el dinero". *Ficciones del dinero. Argentina, 1890 -2001.* Buenos Aires: Fondo de cultura Económica, 2014.

Laiseca, Alberto. *En sueños he llorado*. 2001. Buenos Aires: Editorial La Página, 2004.
---. *Sí, soy mala poeta, pero…* Buenos Aires: Gárgola, 2006.
Lamberti, Luciano. *El loro que podía adivinar el futuro*. Cosquín: Editorial Nudista, 2013.
---. *La casa de los eucaliptus*. Buenos Aires: Literatura Random House, 2017.
---. *Plan para una invasión zombi*. Buenos Aires: China Editora, 2018.
Laraway, David. "Teenage Zombie Wasteland: Suburbia after the Apocalypse in Mike Wilson's *Zombie* and Edmundo Paz Soldán's *Los vivos y los muertos*". En Ginway, M. Elizabeth, y J. Andrew Brown (eds.). *Latin American Science Fiction. Theory and Practice*. London: Palgrave Mc Millan, 2012. Pp. 133-151.
Levrero, Mario. *Aguas salobres*. Buenos Aires: Minotauro, 1983.
---. *Espacios libres*. Buenos Aires: Puntosur, 1987.
---. *El portero y el otro*. Montevideo: Arca, 1992.
---. *La máquina de pensar en Gladys*. Montevideo: Irrupciones Grupo Editor, 2011.
Lewkowicz, Lidia. "La sociedad 'Estímulo literario'". En Castagnino, Raúl. *Sociedades literarias argentinas (1864-1900)*. 1967b. Pp. 19-45.
---. "Sociedad "Círculo científico y literario"". En Castagnino, Raúl. *Sociedades literarias argentinas (1864-1900)*. 1967a. Pp. 47-62.
Longoni, Ana. *Traiciones. La figura del traidor en los relatos acerca de los sobrevivientes de la represión*. Buenos Aires: Grupo editorial Norma, 2007.
López Santos, Miriam. "Teoría de la novela gótica". Alicante, Biblioteca Virtual Miguel de Cervantes. 2010. Web. http://www.cervantesvirtual.com/obra-visor/teoria-de-la-novela-gotica/html/4a75a0fa-a0f8-11e1-b1fb-00163ebf5e63_3.html
Ludmer, Josefina. *El cuerpo del delito. Un manual*. Buenos Aires: Perfil, 1999.
"Luciano Lamberti: "Creo que la literatura es una ética del mal"". En *La Voz de San Justo*. 15 de octubre de 2017. Web. http://www.lavozdesanjusto.com.ar/secciones/entrevista/luciano-lamberti-creo-que-la-literatura-es-una-etica-del-mal----27942
Lynch, John. "El terror". *Juan Manuel de Rosas*. Buenos Aires: Hyspamérica, 1986.
Mantegari, Cristina. *Germán Burmeister. La institucionalización científica en la argentina del siglo XIX*. Buenos Aires: J. Baudino Ediciones/UNSAM, 2003.
Marcos, José María. "El abuelo Bubby". En *El libro de los muertos vivos. Cuentos de zombies*. 2013. Pp. 167-190.

---."Un zombi ya pronto serás". *Noom Magazine*. Junio de 2015. Web. http://www.noom.com.ar/un-zombi-ya-pronto-seras/

Marún, Gioconda. *El modernismo argentino incógnito en "La Ondina del Plata" y Revista literaria (1875-1880)*. Bogotá, Colombia: Instituto Caro y Cuervo, 1993.

Marzioni, Francisco. "Amigo zombie". En *Vienen bajando. Primera Antología Argentina de Cuento Zombie*. 2011. Pp. 29-33.

Masiello, Francine. *Entre civilización y barbarie. Mujer, nación y modernidad en la cultura argentina.*1992. Rosario: Beatriz Viterbo Editora, 1997.

Mayer, Arno J. *The Furies. Violence and Terror in the French and Russian Revolutions*. Princeton: Princeton University Press, 2000.

Mendizábal, María Eugenia, Méndez, M. J., Portos J. y otros. "El afuera de un centro clandestino de detención: las memorias de los vecinos del 'Olimpo'". En *Topografías conflictivas*. 2012. Pp. 305-319.

Moffitt, J. *Alienígenas: iconografía de los extraterrestres*. Madrid: Siruela, 2006.

Montes, Alicia. *De los cuerpos travestis a los cuerpos zombis. La carne como figura de la historia*. Buenos Aires - Los Ángeles: Argus-a, Artes y Humanidades / Arts and Humanities, 2017.

Montoya Juárez, Jesús. *Mario Levrero para armar: Jorge Varlotta y el libertinaje imaginativo*. Montevideo: Trilce, 2013.

Montserrat, Marcelo (comp.). *La ciencia en la Argentina de entre siglos. Textos, contextos e instituciones*. Buenos Aires: Manantial, 2000.

Moraña, Mabel. *El monstruo como máquina de guerra*. Madrid: Iberoamericana Vervuert, 2017.

Mulvey-Roberts, Marie (comp.). *The Handbook to Gothic Literature*. New York: New York University Press, 1998.

Murger, Henry. *Escenas de la vida bohemia*. 1851. Madrid: Montesinos, 2001.

Negroni, María. *La anunciación*. Buenos Aires: Seix Barral, 2007.

---. *Galería fantástica*. 2009. México: Siglo XXI Editores, 2010.

Néspolo, Jimena. *El pozo y las ruinas*. Barcelona: Los Libros del Lince, 2011.

Nofal, Rosana. "Desaparecidos, militantes y soldados: de la literatura testimonial a los partes de guerra". En Crenzel, E. (ed.). *Los desaparecidos en la Argentina. Memorias, representaciones e ideas (1983-2008)*. Buenos Aires: Biblos, 2010. Pp. 161-189.

Novek, Cesary. *La configuración del silencio*. Córdoba: Editorial Contamusa, 2018.

Nouzeilles, Gabriela. *Ficciones somáticas. Naturalismo, nacionalismo y políticas médicas del cuerpo (Argentina 1880-1910)*. Rosario: Beatriz Viterbo Editora, 2000.

---. "Políticas médicas de la histeria: mujeres, salud y representación en el Buenos Aires de fin de siglo". *Mora, revista del Instituto Interdisciplinario de Estudios de Género*, n° 5, octubre de 1999. Pp. 97-112.

Oloff, Kerstin. "'Greening' The Zombie: Caribbean Gothic, World-Ecology, and Socio-Ecological Degradation". En *Green Letters: Studies in Ecocriticism*. Vol. 16, Nro. 1, 2012. Pp. 31-45.

Ordiz, Inés. "Civilization and Barbarism and Zombies: Argentina´s Contemporary Gothic". En Casanova-Vizcaíno, Sandra y Ordiz, Inés (comps.). *Latin American Gothic in Literature and Culture*. New York: Routledge, 2018. Pp. 15-26.

Pagés Larraya, Antonio. "'Juvenilia': un título y una actitud en nuestra literatura". En *Sala Groussac*. Buenos Aires: Centro Editor de América Latina, 1982. Pp. 43-55.

Pailos, Matías. *Volveré y seré millones*. Buenos Aires: Ed. Pirani, 2013.

Palacios Sanz, José Ignacio. "El concepto de musicoterapia a través de la Historia". En *Revista Electrónica de LEEME* (Lista Europea de Música en la Educación), N° 13, Mayo de 2004. http://musica.rediris.es.

Pancrazio, James J. "Introducción". En *Enriqueta Faber: travestismo, documentos e historia*. Ed. James J. Pancrazio. Madrid: Verbum, 2008.

Pandolfelli, Sebastián. "Ni yanquis ni marxistas, zombis peronistas". En *El libro de los muertos vivos. Cuentos de zombies*. 2013. Pp. 87-103.

Partnoy, Alicia. *La escuelita. Relatos testimoniales*. 1985. Buenos Aires: Ed. La Bohemia, 2006. [originalmente *The litle School, Tales of disappearance & survival* publicada en inglés en Estados Unidos].

Pastormerlo, Sergio. "El nacimiento de un mercado editorial en Buenos Aires, 1880-1890". En *Orbis Tertius*, X (11), Universidad Nacional de La Plata / Universidad Nacional del Sur. 2005. Pp. 143-158. Web. https://www.orbistertius.unlp.edu.ar/article/view/OTv10n11d02

---. "¿Usted está borracho o temulento? Ebriedad, *civilité* y cultura letrada en Argentina". En *Orbis Tertius*, XIV (15), 2009. Web. http://www.memoria.fahce.unlp.edu.ar/art_revistas/pr.4195/pr.4195.pdf.

Piglia, Ricardo. "Notas sobre Facundo". *Punto de vista* 3.8. 1980. Pp.15-18.

Plotkin, Pablo. *Un futuro radiante*. Buenos Aires: Random House, 2016.

Ponce, Néstor. "Holmberg: de vagos, mujeres y criminales". En *Cuadernos*

*Angers-La Plata,* N° 2, Angers, 1997. Pp. 117-127.

Ponnau, Gwenhaël. *La Folie dans la littérature fantastique.* 1990. Paris: Presses Universitaires de France, 1997. Nouvelle édition.

Prieto, Adolfo. *Los viajeros ingleses y la emergencia de la literatura argentina (1820-1850).* Buenos Aires: Sudamericana, 1996.

Prieto, Julio. "El discurso y el dibujo: apuntes sobre la bizarra imaginación de Mario Levrero". En Diego Vecchio (ed.), *Levrero. Cuadernos LIRICO.* 7 de junio 2016. Web. http://lirico.revues.org/2278

Púber P, El. *Lu Ciana. Plaga xombi sodomita.* Rosario: Janvs Ediciones, 2013. Fotos de Pilar Almagro Paz.

Punter, David. "Terror". *The Handbook to Gothic Literature.* 1998. Pp. 235-240

Quereilhac, Soledad. "En busca del fantasma de los vivos. El magnetismo animal". En *Cuando la ciencia despertaba fantasías. Prensa, literatura y ocultismo en la Argentina de entresiglos.* Buenos Aires: Siglo XXI ed., 2016.

Quirós, Mariano. *Torrente y otras aventuras.* Buenos Aires: Factotum Ediciones, 2018.

---. *Una casa junto al Tragadero.* Barcelona: Tusquets Editores, 2017.

Radcliffe, Anne. "On the Supernatural in Poetry". *New Monthly Magazine* 16.1, 1826. Pp. 145-152. Web. https://www.gutenebook.com/pdfs/323493/-

Rancière, Jacques. *El espectador emancipado.* Buenos Aires: Manantial, 2010.

Ricciardino, César. *Imaginación y prisión. La resistencia de los presos políticos en la cárcel de Coronda: 1975-1979.* 1998. Paraná: UADER, 2007. Segunda edición.

Rivera, Jorge B. (ed.). "Prólogo". En *Monteavaro, Becher y Soussens. Textos y protagonistas de la bohemia porteña. Antología.* Buenos Aires: Centro Editor de América Latina, 1980. Pp. I-V.

Rodríguez Pérsico, Adriana. *Relatos de época. Una cartografía de América Latina (1880-1920).* Rosario: Beatriz Viterbo Editora, 2008.

Rojas, Ricardo. *Historia de la Literatura Argentina: Ensayo filosófico sobre la evolución de la cultura en el Plata.* Buenos Aires: Losada, 1948. Ocho tomos.

Sábato, Hilda. *De las cofradías a las organizaciones de la sociedad civil. Historia de la iniciativa asociativa en argentina (1776 - 1990).* Buenos Aires: Edilab Editora, 2002.

Said, Edward. *Orientalismo.* 1978. Madrid: Ediciones Libertarias, 1990.

Saint Paul (Francisco Miralles). *Desde Júpiter, novela orijinal*. Santiago de Chile: Imprenta y Litografía de El país, 1877.
Sanidopoulos, John. "Holy Martyrs. Capitolina and Erotheis". *Mystagogy Resource Center*. 2016. Web. https://www.johnsanidopoulos.com/2016/10/holy-martyrs-capitolina-and-erotheis-of.html
Sarduy, Severo. "Escritura/ travestismo". *Escrito sobre un cuerpo. Ensayos de crítica*. Buenos Aires: Sudamericana, 1969. Pp. 43-48.
Sarmiento, Domingo Faustino. *Facundo*. 1845. Buenos Aires: Colihue, 2000.
Saurio. "Espacios libres. Reportaje a Mario Levrero", en "Un especial de *La idea fija*", *La idea fija. Una revista bastante literaria*. 2015. Web. http://www.laideafija.com.ar/larevista/especiales/levrero/LEVRERO_reportaje.html. Originalmente publicado en *La idea fija*, núm. 2 (septiembre de 2000).
Schweblin, Samantha. *El núcleo del disturbio*. Buenos Aires: Destino, 2002.
---.*Kentukis*. Buenos Aires: Literatura Random House, 2018.
Seed, David (ed.). *A Companion to Science Fiction*. Blackwell Publishing: Oxford, 2005.
Segato, Rita. "Femigenocidio como crimen en el fuero internacional de los Derechos Humanos". En *La guerra contra las mujeres*. Buenos Aires: Prometeo libros, 2018a. Pp. 139-167.
---. "Patriarcado: Del borde al centro. Disciplinamiento, territorialidad y crueldad en la fase apocalíptica del capital". En *La guerra contra las mujeres*. 2018b. Pp. 99-119.
Seifert, Marcos. "Sueños y realidades góticas: excesos y espectros del terror rosista en algunos relatos de Juana Manuela Gorriti". Revista *Badebec* -VOL. 3 N° 6, Marzo de 2014. Web. https://revista.badebec.org/index.php/badebec/article/view/75/70
Shaviro, Steve. "Capitalist Monsters". *Historical Materialism*. Vol. 10, n° 4, 2002. Pp. 281-290.
Silva Olazábal, Pablo (ed.). *Conversaciones con Mario Levrero*. Buenos Aires: Conejos, 2013.
Skoll, Geoffrey y Korstanje, Maximiliano. "*The Walking Dead* and Bottom Days". *Antrocom Online Journal of Anthropology*. Vol. 10, n° 1, 2014. Pp. 11-23. Web. http://www.antrocom.net/upload/sub/antrocom/100114/03-Antrocom.pdf
Skoll, Geoffrey R. *Social theory of fear: terror, torture, and death in a post-capitalist world*. New York, Palgrave- Macmillan, 2010.

Soifer, Alejandro. "Ese zombie". En *Vienen bajando. Primera Antología Argentina de Cuento Zombie*. 2011. Pp. 16-23.
Stableford, Brian. *Historical Dictionary of Science Fiction Literature*. Oxford: The Rowman & Littlefield Publishing Group, 2004.
Suvin, Darko. *La metamorfosis de la ciencia ficción. Sobre la poética y la historia de un género literario*. México: Fondo de Cultura Económica, 1984.
Torre, Claudia. "Huesos que aparecen. Una lectura de *Aparecida* de Marta Dillon". En *Estudios de Teoría Literaria. Revista digital: artes, letras y humanidades*. Marzo, vol. 7, n° 13, 2018. Pp. 13-20. Web. https://fh.mdp.edu.ar/revistas/index.php/etl/article/view/2448/2636
Torre, Juan Carlos y Pastoriza, Elisa. "Capítulo V. La democratización del bienestar". En Torre, Juan Carlos (dir.). *Nueva Historia Argentina. Los años peronistas (1943-1955)*. Tomo 8. Buenos Aires: Emecé, 2002. Pp. 257-312.
Torres y Quiroga, Raimunda. *Historias inverosímiles*. Ed. Carlos Abraham. Temperley: Tren en Movimiento, 2014.
Van den Abbeele, Georges. *Travel as Metaphor: From Montaigne to Rousseau*, Minnea- polis: University of Minnesota Press, 1992.
Vanoli, Hernán. "La chica de la lengua desflecada". En *Vienen bajando. Primera Antología Argentina de Cuento Zombie*. 2011. Pp. 50-55.
Vecchio, Diego (ed.). *Levrero, Cuadernos LIRICO*. 14, 7 de junio, 2016. https://lirico.revues.org/2179.
Vecino, Diego. "El poscapitalismo financiero contra los zombies". En *Vienen bajando. Primera Antología Argentina de Cuento Zombie*. 2011. Pp. 4-11.
---. et al. *Vienen bajando. Primera Antología Argentina de Cuento Zombie*. Buenos Aires: Ediciones CEC, 2011.
Vezzetti, Hugo. *La locura en la Argentina*. Buenos Aires: Folio, 1983.
---.*Pasado y presente. Guerra, dictadura y sociedad en la Argentina*. Buenos Aires: Siglo XXI editor, 2002.
Vicens, María. "Capítulo 1. Las escritoras y la prensa a fines del siglo XIX". *La escritora hispanoamericana en la cultura argentina de entresiglos*. Tesis. Universidad de Buenos Aires, 2016. *Filo: digital*. Web. http://repositorio.filo.uba.ar/xmlui/bitstream/handle/filodigital/6142/uba_ffyl_t_2016_90574.pdf?sequence=1&isAllowed=y
Vidler, Anthony. *The Architectural Uncanny: Essays in the Modern Unhomely*. Cambridge, Massachussets: The MIT Press, 1992.

Weinstock, Jeffrey Andrew. *Spectral America: phantoms and the national imagination.* Wisconsin: The University of Wisconsin Press, 2004.

Williams, Raymond. *El campo y la ciudad.* Buenos Aires: Paidos, 2001

Otras publicaciones de Argus-*a*:

Mario A. Rojas
*Joaquín Murrieta* de Brígido Caro.
Un drama inédito del legendario bandido

Alicia Poderti
*Casiopea: Vivir en las redes*
*Ingeniería lingüística y Ciberespacio*

Gustavo Geirola
*Sueño. Improvisación. Teatro.*
*Ensayos sobre la praxis teatral*

Jorge Rosas Godoy y Edith Cerca Osses
Condición posthistórica o Manifestación poliexpresiva
Una perturbación sensible

Karina Mauro (compiladora)
*Artes y producción de conocimientos.*
*Experiencias de integración de las artes en la universidad*

Jorge Poveda
*La parergonalidad en el teatro.*
*Deconstrucción del arte de la escena como coeficiente de sus múltiples encuadramientos*

Alicia Montes y María Cristina Ares (compiladoras)
*Política y estética de los cuerpos.*
*Distribución de lo sensible en la literatura y las artes visuales*

Gustavo Geirola
*El espacio regional del mundo de Hugo Foguet*

Domingo Adame y Nicolás Núñez
*Transteatro: Entre, a través y más allá del Teatro*

Yaima Redonet Sánchez
*Un día en el solar, expresión de la cubanidad de Alberto Alonso*

Gustavo Geirola
*Dramaturgia de frontera/Dramaturgias del crimen.
A propósito de los teatristas del norte de México*

Virgen Gutiérrez
*Mujeres de entre mares. Entrevistas*

Ileana Baeza Lope
*Sara García: ícono cinematográfico nacional mexicano, abuela y lesbiana*

Gustavo Geirola
*. Teatralidad y experiencia política en América Latina (1957-1977)*

Domingo Adame
*Más allá de la gesticulación. Ensayos sobre teatro y cultura en México*

Alicia Montes y María Cristina Ares (compiladoras)
*Cuerpos presentes. Figuraciones de la muerte, la enfermedad, la anomalía y el sacrificio.*

Lola Proaño Gómez y Lorena Verzero / Compiladoras y editoras
*Perspectivas políticas de la escena latinoamericana. Diálogos en tiempo presente*

Gustavo Geirola
*Praxis teatral. Saberes y enseñanza. Reflexiones a partir del teatro argentino reciente*

Alicia Montes
*De los cuerpos travestis a los cuerpos zombis. La carne como figura de la historia*

Lola Proaño - Gustavo Geirola
*¡Todo a Pulmón! Entrevistas a diez teatristas argentinos*

Germán Pitta Bonilla
*La nación y sus narrativas corporales. Fluctuaciones del cuerpo femenino en la novela
sentimental uruguaya del siglo XIX (1880-1907)*

Robert Simon
*To A Nação, with Love: The Politics of Language through Angolan Poetry*

Jorge Rosas Godoy
*Poliexpresión o la des-integración de las formas en/desde*
*La nueva novela de Juan Luis Martínez*

María Elena Elmiger
*DUELO: Íntimo. Privado. Público*

María Fernández-Lamarque
*Espacios posmodernos en la literature latinoamericana contemporánea:*
*Distopías y heterotopíaa*

Gabriela Abad
*Escena y escenarios en la transferencia*

Carlos María Alsina
*De Stanislavski a Brecht: las acciones físicas. Teoría y práctica de procedimientos actorales de construcción teatral*

Áqis Núcleo de Pesquisas Sobre Processos de Criação Artística
Florianópolis
*Falas sobre o coletivo. Entrevistas sobre teatro de grupo*

Áqis Núcleo de Pesquisas Sobre Processos de Criação Artística
Florianópolis
*Teatro e experiências do real (Quatro Estudos)*

Gustavo Geirola
*El oriente deseado. Aproximación lacaniana a Rubén Darío.*

Gustavo Geirola
*Arte y oficio del director teatral en América Latina. Tomo I México - Perú*

Gustavo Geirola
*Arte y oficio del director teatral en América Latina. Tomo II. Argentina – Chile – Paragua – Uruguay*

Gustavo Geirola
*Arte y oficio del director teatral en América Latina. Tomo III Colombia y Venezuela*

**Gustavo Geirola**
*Arte y oficio del director teatral en América Latina. Tomo IV Bolivia - Brasil - Ecuador*

Gustavo Geirola
*Arte y oficio del director teatral en América Latina. Tomo V. Centroamérica – Estados Unidos*

Gustavo Geirola
*Arte y oficio del director teatral en América Latina. Tomo VI Cuba- Puerto Rico - República Dominicana*

Gustavo Geirola
*Ensayo teatral, actuación y puesta en escena. Notas introductorias sobre psicoanálisis y praxis teatral en Stanislavski*

**Argus-*a***
*Artes y Humanidades / Arts and Humanities*
Los Ángeles – Buenos Aires
2020

www.ingramcontent.com/pod-product-compliance
Lightning Source LLC
Chambersburg PA
CBHW020653220526
45464CB00001B/419